世界は不思議に満ちている。世界は驚《おどろ》きに満ちている。世界を知ることはリアルを知ることであり、世界の本当の姿《すがた》を見つけることでもある。さぁ、未知の扉《とびら》をあけてみよう。

5分後に世界のリアル

拍《はく》手《しゅ》喝《かっ》采《さい》！　世界の賞レース

平山 友子・文

拍手喝采《はくしゅかっさい》！ 世界の賞《しょう》レース　もくじ

ノーベル賞《しょう》

ダイナマイトを発明した人物の遺言《ゆいごん》で創設《そうせつ》

ノーベル賞《しょう》は、一八九五年に創設《そうせつ》された世界的な賞《しょう》だ。もともと、この賞《しょう》は、スウェーデンの化学者でダイナマイトを発明したアルフレッド・ノーベルの遺言《ゆいごん》によってつくられた。ノーベルは、強力な爆薬《ばくやく》であるダイナマイトを発明したことで大きな富《とみ》を得《え》ることができた。しかし、一方でダイナマイトが戦争に使われたことにより「死の商人」というあだ名がつけられてしまったことを、自身の死亡《しぼう》を伝える誤報《ごほう》記事で知ることになる。これに心をいためたノーベルは、世界平和を願い、全財産《ぜんざいさん》を基《き》金《きん》にしてノーベル賞《しょう》を創設《そうせつ》することを決意したのだ。それによって設立《せつりつ》されたのが、ノーベル賞《しょう》を主催《しゅさい》・運営《うんえい》するノーベル財団《ざいだん》である。

第一回の授賞式《じゅしょうしき》は一九〇一年におこなわれ、物理学賞《ぶつりがくしょう》、化学賞《かがくしょう》、生理学・医学賞《いがくしょう》、

ストックホルム市庁舎《しちょうしゃ》。ノーベルの命日である12月10日に、この建物の大広間でノーベル賞《しょう》の祝賀晩餐会《ばんさんかい》がおこなわれている。

文学賞《ぶんがくしょう》、平和賞《へいわしょう》の五部門で賞《しょう》が授与《じゅよ》された。

数学賞《すうがくしょう》がつくられなかったのは、ノーベルが、同じスウェーデン人のミッタク・レフラーという数学者をきらっていたからだという説がある。数学の権威《けんい》であるレフラーをきらっていた理由については、なんと、二人が同じ女性《じょせい》に恋愛感《れんあいかん》情《じょう》をいだいていたからだというのだ。

その女性《じょせい》とは、ロシア人の数学者、ソフィア・コワレフスカヤという人物で、出会った男《だん》性《せい》みんなを熱中させるほど美しかったという。ソフィアはレフラーの紹介《しょうかい》でストックホルム大学の教職員《きょうしょくいん》の仕事を得《え》て、社交界にデビュー。さまざまな男性《だんせい》に言いよられるほど注目された。

そのなかの一人にノーベルがいたのだ。ノーベルは、ソフィアと親しくしていたレフラーを深くねたむようになり、数学賞《すうがくしょう》をつくれば、レフラーに授与《じゅよ》されるかもしれないと考えた。そのため、レフラーにあたえたくないという理由で、数学賞《すうがくしょう》をもうけなかったともいわれている。

その後、一九六九年には経済学賞《けいざいがくしょう》が新設《しんせつ》された。この賞《しょう》は創立《そうりつ》三百周年を迎《むか》えたスウェーデン国立銀行がノーベル財団《ざいだん》にはたらきかけたことでつくられた賞《しょう》だ。しかし、この賞《しょう》については、もともとノーベルが想定していなかった賞《しょう》ということもあってか、ノーベル財団《ざいだん》が「正式なノーベル賞《しょう》ではない」と明言している。ただし、授賞式《じゅしょうしき》などの関連行事はほかの部門と同様におこなわれている。

さて、ノーベル賞《しょう》を授与《じゅよ》された人物を何人か紹介《しょうかい》しよう。

マリ・キュリーは、ポーランドうまれのフランスの物理学者で、女性《じょせい》としてはじめてノーベル賞《しょう》を受賞《じゅしょう》した人物だ。一八九五年に同じ物理学者のピエール・キュリーと結婚《けっこん》したことから「キュリー夫人」ともよばれている。

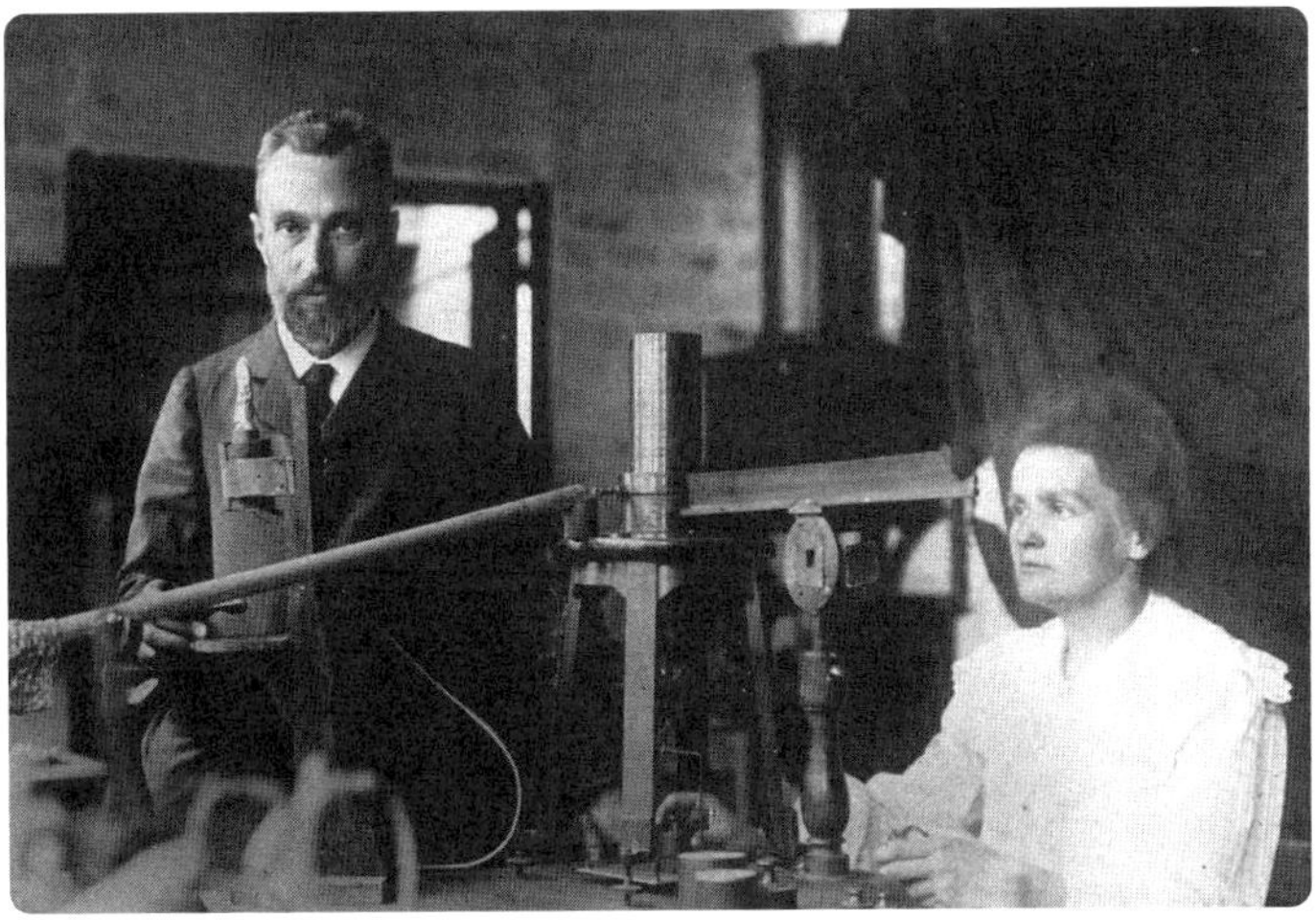

研究所で放射能測定機《ほうしゃのうそくていき》を操作《そうさ》するマリ・キュリー。左は夫のピエール・キュリー。

二人は、放射線《ほうしゃせん》を発見したフランスの物理学者、アンリ・ベクレルの影響《えいきょう》を受け、パリの学校からあたえられた物置き小屋で実験をくりかえし、光りかがやくウラン鉱石《こうせき》という放射性物《ほうしゃせいぶっ》質《しつ》をもとに放射能《ほうしゃのう》の研究を進めた。その研究とは、ウランをふくむ鉱石《こうせき》を手作業でくだいて、いろいろな化学薬品で不純物《ふじゅんぶつ》をとりのぞく作業だった。その結果、二人は、一八九八年にポロニウムとラジウムという新元素《しんげんそ》を発見。一九〇三年に、ベクレルとともに夫婦《ふうふ》でノーベル物理《ぶつり》学賞《がくしょう》を受賞《じゅしょう》した。ちなみに、放射能《ほうしゃのう》とは放射線《ほうしゃせん》を出す力のことで、放射性物質《ほうしゃせいぶっしつ》とは放射線《ほうしゃせん》を出す力をもつ物質《ぶっしつ》のことをいう。

この発見は大きな反響《はんきょう》をよび、人々《ひとびと》は、光りかがやく放射性物質《ほうしゃせいぶっしつ》が世界に幸せをもたらすものとして夢中《むちゅう》になった。以降《いこう》、放射性物質《ほうしゃせいぶっしつ》を使った病気の治療法《ちりょうほう》が開発されたほか、放射性《ほうしゃせい》クリームや放射性《ほうしゃせい》ヘアトニック、放射性《ほうしゃせい》歯《は》みがき粉《こ》といったものから、ラジウム入りチョコバー、ラジウム入り飲料など、放射性物質《ほうしゃせいぶっしつ》の危険性《きけんせい》を無視《むし》した商品までつくられてしまった。当時は、一般《いっぱん》市民はもちろんのこと、研究をおこなっていたキュリー夫妻《ふさい》でさえも、その危険性《きけんせい》をうたがっていなかった。

その後、キュリー夫人は夫に先立たれたが、放射能《ほうしゃのう》の影響《えいきょう》で体をこわしながらも研究をつづけ、一九一一年にはノーベル化学賞《かがくしょう》を受賞《じゅしょう》して、世界ではじめてノーベル賞《しょう》を二度受賞《じゅしょう》した人物となった。しかし、放射能《ほうしゃのう》にむしばまれた体はおとろえていき、一九三四年にこの世を去ってしまう。なお、キュリー夫人が残した研究ノートは放射《ほうしゃ》能《のう》まみれで、いまだに人がふれることはできないという。

アルベルト・アインシュタインは相対性理論《そうたいせいりろん》や光量子論《こうりょうしろん》をうみだしたドイツうまれの物理学者だ。アインシュタインが登場するまでの物理学の世界では、イギリスの物理学者、アイザック・ニュートンによって確立《かくりつ》された、時間と空間は絶対的《ぜったいてき》なものであるとする「ニュートン力学《りきがく》」が完全な法則《ほうそく》とされていた。ところが、十九世紀《せいき》の終わりになると、光の速度が立ちどまっている人でも車に乗っている人でも変わらないということが実験によって指摘《してき》されるようになった。これによってうまれたのが、光と重力、時間と空間に関するアインシュタインの相対性理論《そうたいせいりろん》で、特殊相対性理論《とくしゅそうたいせいりろん》と一般《いっぱん》相対性理論《そうたいせいりろん》の二つがある。特殊相対性理論《とくしゅそうたいせいりろん》とは、重力の影響《えいきょう》を考えない状態《じょうたい》で「どんな場所でも一定で、つねに変わらないと考えられていた時間と空間は、見る立場によって変わり、光の速度だけがつねに変わらない」とする理論《りろん》のことである。一方、一般相対性理論《いっぱんそうたいせいりろん》とは、重力の影響《えいきょう》を考えた状態《じょうたい》でうみだされた理論《りろん》である。アイン

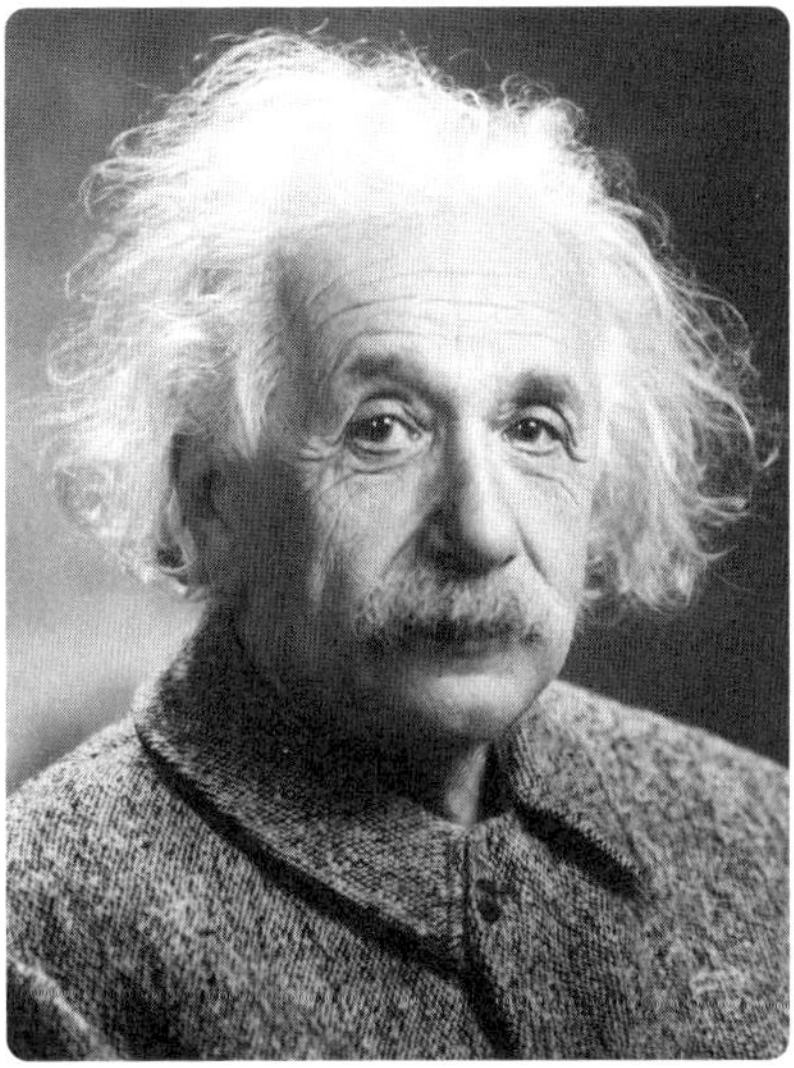

1947年当時のアルベルト・アインシュタイン。

シュタインは、重力が時間と空間をゆがめていると考えた。さらに、光が粒子《りゅうし》であるとする光量子論《こうりょうしろん》をうみだした。この光量子論《こうりょうしろん》により、アインシュタインは一九二一年にノーベル物理学賞《ぶつりがくしょう》を受賞《じゅしょう》した。

なお、アインシュタインは、特殊相対性理論《とくしゅそうたいせいりろん》から$E = mc^2$という式をみちびきだした。この式は、「わずかな物質《ぶっしつ》にも莫大《ばくだい》なエネルギーがある」ということをあらわしたものである。この式によると、物質《ぶっしつ》からエネルギーを引きだせるのと同時に、エネルギーからも物質《ぶっしつ》をうみだすことができるという。

当初、アインシュタインは、この式の危険性《きけんせい》に気づいていなかったが、ヒトラーの率《ひき》いるドイツ軍が彼《かれ》の式を応用《おうよう》して核兵器《かくへいき》開発をおこなっていることに衝撃《しょうげき》を受けた。当時のドイツは、ファシズムとよばれる一党独裁体制《いっとうどくさいたいせい》で危険《きけん》な国だとされていた。そこでアインシュタインは、ドイツに対抗《たいこう》する意味もふくめて、アメリカのルーズベルト大統領《だいとうりょう》に核兵器《かくへいき》の開発に資金《しきん》を提供《ていきょう》すべきだとする手紙を送った。それを受けて、核兵器《かくへいき》の開発計画が進められていく。その結果、太平洋戦争でアメリカと戦っていた日本の広島《ひろしま》と長崎《ながさき》に原子爆弾《ばくだん》が投下され、多くの死者を出してしまったのだ。戦後、アインシュタインは「わたしの人生で唯一《ゆいいつ》のあやまり」と言うほど、手紙を送ったことを後悔《こうかい》し、以降《いこう》は核兵器《かくへいき》の廃絶《はいぜつ》と科学技術《ぎじゅつ》の平和利用に力をそそいだ。

アインシュタインは一九五五年にこの世を去るが、死後、彼《かれ》の脳《のう》は、亡《な》くなった病院の病理学者によって研究目的で盗《ぬす》まれてしまう。しかし、その研究は大きな成果をあげることなく終わり、アインシュタインの脳《のう》は、アメリカの国立保健《ほけん》医学博物館にうつされた。

マーティン・ルーサー・キング・ジュニアは「キング牧師《ぼくし》」ともよばれ、非暴力《ひぼうりょく》による直接《ちょくせつ》行動で黒人差別をなくすために人々《ひとびと》を指導《しどう》したアフリカ系《けい》アメリカ人だ。リンカーンの奴隷解放宣言《どれいかいほうせんげん》から百年めの一九六三年に、首都のワシントンD.C.で、多くの黒人を集めて「ワシントン大行進」という政治《せいじ》集会を開き、そこで「わたしには夢《ゆめ》がある」という言葉ではじまる演説《えんぜつ》をおこなった。そして、翌年《よくとし》には黒人差別撤廃《てっぱい》を規定《きてい》した公民権法《こうみんけんほう》が成立している。

2011年、ワシントンD.C.に建てられたキング牧師《ぼくし》の記念碑《きねんひ》。

　こうしたことが評価《ひょうか》されて、キング牧《ぼく》師《し》はその年にノーベル平和賞《へいわしょう》を受賞《じゅしょう》した。しかし、一九六八年に労働者のストライキを支援中《しえんちゅう》に暗殺《あんさつ》されて亡《な》くなってしまった。その後、彼《かれ》の妻《つま》などがキング牧《ぼく》師《し》の誕生日《たんじょうび》をアメリカの祝日とするように直訴《じきそ》する。なかにはそれをこころよく思っていない人もいたが、一月の第三月曜日が彼《かれ》の功績《こうせき》をたたえる「キング牧師《ぼくし》記念日」に制定《せいてい》された。

　現在《げんざい》でもアメリカでは、この日に大規模《だいきぼ》な式典が開催《かいさい》され、学校では人種差別などについて教えるためのイベントがおこなわれている。

ノーベル賞《しょう》　日本人の受賞者《じゅしょうしゃ》

受賞年《じゅしょうねん》	賞《しょう》の名称《めいしょう》	名前	肩書《かたが》きなど（おもに受賞時《じゅしょうじ》）
1949年	物理《ぶつり》学賞《がくしょう》	湯川《ゆかわ》秀樹《ひでき》	京都大学理学部教授《きょうじゅ》
1965年	物理《ぶつり》学賞《がくしょう》	朝永《ともなが》振一郎《しんいちろう》	東京教育大学教授《きょうじゅ》
1968年	文学賞《ぶんがくしょう》	川端《かわばた》康成《やすなり》	作家
1973年	物理《ぶつり》学賞《がくしょう》	江崎《えさき》玲於奈《れおな》	米国IBMワトソン研究所主任《しゅにん》研究員
1974年	平和賞《へいわしょう》	佐藤《さとう》栄作《えいさく》	元内閣総理《もとないかくそうり》大臣
1981年	化学賞《かがくしょう》	福井《ふくい》謙一《けんいち》	京都大学工学部教授《きょうじゅ》
1987年	生理学・医学賞《いがくしょう》	利根川《とねがわ》進《すすむ》	マサチューセッツ工科大学教授《きょうじゅ》
1994年	文学賞《ぶんがくしょう》	大江《おおえ》健三郎《けんざぶろう》	作家
2000年	化学賞《かがくしょう》	白川《しらかわ》英樹《ひでき》	筑波《つくば》大学名誉教授《めいよきょうじゅ》
2001年	化学賞《かがくしょう》	野依《のより》良治《りょうじ》	名古屋《なごや》大学大学院理学研究科教授《きょうじゅ》
2002年	物理《ぶつり》学賞《がくしょう》	小柴《こしば》昌俊《まさとし》	東京大学名誉教授《めいよきょうじゅ》
	化学賞《かがくしょう》	田中《たなか》耕一《こういち》	株式会社島津製作所《かぶしきがいしゃしまづせいさくしょ》フェロー
2008年	物理《ぶつり》学賞《がくしょう》	南部《なんぶ》陽一郎《よういちろう》 ※	シカゴ大学名誉教授《めいよきょうじゅ》
		益川《ますかわ》敏英《としひで》	京都大学名誉教授《めいよきょうじゅ》
		小林《こばやし》誠《まこと》	高エネルギー加速器研究機構《きこう》特別栄誉教授《えいよきょうじゅ》
	化学賞《かがくしょう》	下村《しもむら》脩《おさむ》	ボストン大学名誉教授《めいよきょうじゅ》
2010年	化学賞《かがくしょう》	鈴木《すずき》章《あきら》	北海道《ほっかいどう》大学名誉教授《めいよきょうじゅ》
		根岸《ねぎし》英一《えいいち》	パデュー大学特別教授《きょうじゅ》
2012年	生理学・医学賞《いがくしょう》	山中《やまなか》伸弥《しんや》	京都大学iPS《アイピーエス》細胞《さいぼう》研究所所長・教授《きょうじゅ》
2014年	物理《ぶつり》学賞《がくしょう》	中村《なかむら》修二《しゅうじ》 ※	カリフォルニア大学サンタバーバラ校教授《きょうじゅ》
		天野《あまの》浩《ひろし》	名古屋《なごや》大学教授《きょうじゅ》
		赤﨑《あかさき》勇《いさむ》	名城《めいじょう》大学教授《きょうじゅ》
2015年	物理《ぶつり》学賞《がくしょう》	梶田《かじた》隆章《たかあき》	東京大学宇宙線《うちゅうせん》研究所所長
	生理学・医学賞《いがくしょう》	大村《おおむら》智《さとし》	北里《きたざと》大学特別栄誉教授《えいよきょうじゅ》
2016年	生理学・医学賞《いがくしょう》	大隅《おおすみ》良典《よしのり》	東京工業大学特任教授《とくにんきょうじゅ》
2017年	文学賞《ぶんがくしょう》	カズオ・イシグロ	作家、1983年にイギリスに帰化
2018年	生理学・医学賞《いがくしょう》	本庶《ほんじょ》佑《たすく》	京都大学高等研究院副院長・特別教授《きょうじゅ》
2019年	化学賞《かがくしょう》	吉野《よしの》彰《あきら》	旭化成株式会社名誉《あさひかせいかぶしきがいしゃめいよ》フェロー、名城《めいじょう》大学終身教授《きょうじゅ》
2021年	物理《ぶつり》学賞《がくしょう》	真鍋《まなべ》淑郎《しゅくろう》 ※	プリンストン大学上席研究員
2024年	平和賞《へいわしょう》	日本原水爆被害者《げんすいばくひがいしゃ》団体《だんたい》協議会	1956年に結成された日本の原爆被爆者《げんばくひばくしゃ》の全国組織《そしき》

※アメリカ国籍《こくせき》

ノーベル賞《しょう》

日本人の初受賞《はつじゅしょう》は終戦から四年後

ノーベル賞《しょう》は日本の個人《こじん》や団体《だんたい》も受賞《じゅしょう》している。二〇二四年末までに、ノーベル賞《しょう》を受賞《じゅしょう》したのは二十五人（日本出身者をふくめると二十九人）と一団体《だんたい》になる。最初に日本人がノーベル賞《しょう》を受賞《じゅしょう》したのは、太平洋戦争によって日本が焼け野原となった一九四五年から四年後の一九四九年のことだった。この年にノーベル物理学賞《ぶつりがくしょう》を受賞《じゅしょう》したのは物理学者の湯川秀樹《ゆかわひでき》だった。

湯川《ゆかわ》は、原子《げんし》という物質《ぶっしつ》をつくる基本的《きほんてき》な粒子《りゅうし》の中心にある原子核《げんしかく》で、陽子《ようし》と中性《ちゅうせい》子《し》がばらばらにならないのはなぜかということに疑問《ぎもん》を持ち、不眠症《ふみんしょう》に耐《た》えながらも研究をつづけた。その結果、一九三五年に考えだされたのが、陽子《ようし》と中性子《ちゅうせいし》のあいだには、それを結びつける中間子《ちゅうかんし》という未知の粒子《りゅうし》があるという理論《りろん》だった。この湯川《ゆかわ》の考えは「中間子理論《ちゅうかんしりろん》」とよばれ、一九四七年にイギリスの物理学者、セシル・パウエルの研究によって、その理論《りろん》の正しいことが証明《しょうめい》された。これにより湯川《ゆかわ》はノーベル賞《しょう》を受賞《じゅしょう》した。

このように物理学において偉大《いだい》な業績《ぎょうせき》を残した湯川《ゆかわ》だったが、子どものころは、父親から「何を考えているかわからない」と言われるほど、とても口数の少ない少年だった。また、おこられても言《い》い訳《わけ》をせず、問いただされても「言わん」のひと言で片《かた》づけていたことから、家では「イワンちゃん」というあだ名をつけられていたという。ただ、この件《けん》に関して、当時、作家のトルストイが書いた『イワンの馬鹿《ばか》』という小説が人気だったので、本人は「その小説のタイトルからきたのではないか」と、のちにふりかえっている。

1949年にノーベル物理学賞《ぶつりがくしょう》を受賞《じゅしょう》した湯川秀樹《ゆかわひでき》。

湯川《ゆかわ》は、小学校に入学する前から『論語《ろんご》』な

1965年にノーベル物理学賞《ぶつりがくしょう》を受賞《じゅしょう》した朝永振一郎《ともながしんいちろう》。

どの中国の書物を声に出して読むことを祖父《そふ》から教わり、当時五年制《せい》だった中学校を四年で卒業している。飛び級で三高（今の京都大学）に進学し、一九二九年に京都帝国《ていこく》大学理学部を卒業した。ちなみに、一九六五年に湯川《ゆかわ》と同じくノーベル物理学賞《ぶつりがくしょう》を受賞《じゅしょう》した朝永振一郎《ともながしんいちろう》とは、同じ中学校・高校・大学の出身で、研究室では机《つくえ》をならべて研究にはげんでいた関係だ。朝永《ともなが》は、子どものころに泣いてばかりいたことから、「泣き虫しんちゃん」とよばれていたという。

湯川《ゆかわ》は、一九二一年にノーベル物理学賞《ぶつりがくしょう》を受賞《じゅしょう》したアルベルト・アインシュタイン（12ページ参照）とも交流があった。アインシュタインは、湯川《ゆかわ》と会った際《さい》、アメリカによる広島・長崎への原爆《げんばく》投下をとめられなかったことについて泣きながら謝罪《しゃざい》し、「わたしとともに核兵器《かくへいき》がなくなる運動をしてほしい」と要請《ようせい》したという。こうした縁《えん》から、一九五五年に核戦争絶滅《かくせんそうぜつめつ》をうったえる「ラッセル=アインシュタイン宣言《せんげん》」では、湯川《ゆかわ》はほかのノーベル賞受賞者《しょうじゅしょうしゃ》とともに署名《しょめい》している。

つぎは、日本人ではじめてノーベル文学賞《ぶんがくしょう》を受賞《じゅしょう》した川端康成《かわばたやすなり》を紹介《しょうかい》しよう。川端《かわばた》は、十四歳《さい》で小説家をめざした。デビュー後、『伊豆《いず》の踊子《おどりこ》』や『雪国』といった作品を世に出し、日本人の心情《しんじょう》を繊細《せんさい》な表現《ひょうげん》によってあらわしたということで、一九六八年にノーベル賞《しょう》を受賞《じゅしょう》した。

1968年にノーベル文学賞《ぶんがくしょう》を受賞《じゅしょう》した川端康成《かわばたやすなり》。

『伊豆《いず》の踊子《おどりこ》』は、川端《かわばた》が十九歳《さい》のときに伊豆《いず》へ旅行した経験《けいけん》をもとにして書かれた小説である。なお、川端《かわばた》は執筆《しっぴつ》のために旅館に滞在《たいざい》していたが、四年半にわたり宿泊《しゅくはく》料金をいっさい払《はら》わなかったという。ほかにも川端《かわばた》には、家賃《やちん》の催促《さいそく》にきた家主に対して、ひと言も発せずに見つめただけで追いかえしたり、同じ小説家の菊《きく》池寛《ちかん》の家へ行き、やはりひと言も発せずに見つめただけで金を出させたりしたというエピソードも残っている。また、家に泥棒《どろぼう》が入ってきたときにも、何もしゃべらずに泥棒《どろぼう》をじっと見つめつづけて追いかえしたという。目つきがするどい川端《かわばた》らしいエピソードかもしれない。

ノーベル文学賞《ぶんがくしょう》といえば、毎年、候補者《こうほしゃ》として名前があがるのが村上春樹《むらかみはるき》である。村上《むらかみ》は一九七九年に小説家としてデビュー。一九八七年に出版《しゅっぱん》された『ノルウェイの森』は一年間で二百七十万部も売りあげるほどのベストセラー小説となった。村上《むらかみ》がノーベル賞《しょう》の候補《こうほ》になっていると噂《うわさ》されはじめたのは二〇〇二年のころだという。以後、村上《むらかみ》は毎年、ファンから「今年こそ受賞《じゅしょう》するのではないか」と期待されつづけている。

なお、『仮面《かめん》の告白《こくはく》』や『潮騒《しおさい》』『金閣寺《きんかくじ》』などの小説を書いた三島由紀夫《みしまゆきお》も、川端《かわばた》がノーベル文学賞《ぶんがくしょう》をとった年に候補者《こうほしゃ》として名前があがっていたという噂《うわさ》もあるが、本当の話かどうかについてはさだかではない。

二〇一二年にノーベル生理学・医学賞《いがくしょう》を受賞《じゅしょう》した山中伸弥《やまなかしんや》は、神戸《こうべ》大学医学部を卒業したあと、国立大阪病院整形外科に臨床研修医《りんしょうけんしゅうい》として勤務《きんむ》していた。医師《いし》として診療《しんりょう》をおこなうための実地トレーニングを受ける医師《いし》だったが、そこではきちんとした名前をよんでもらえず、じゃまだという意味で、教官から「ジャマナカ」とよばれていたという。その後、苦労をかさねて、二〇〇四年に京都大学再生《さいせい》医科学研究所の教授《きょうじゅ》となり、その二年後にマウスの体からiPS《アイピーエス》細胞《さいぼう》をつくりだすことに世界ではじめて成功した。

iPS《アイピーエス》細胞《さいぼう》は、体のどの組織《そしき》にも成長できる万能細胞《ばんのうさいぼう》の一種である。それまでの万能細胞《ばんのうさいぼう》であるES《イーエス》細胞《さいぼう》は受精卵《じゅせいらん》からつくるため、他人の臓器《ぞうき》に移植《いしょく》する場合に拒絶反応《きょぜつはんのう》が起こることが心配されていた。山中《やまなか》が開発したiPS《アイピーエス》細胞《さいぼう》の場合は、本人の皮膚《ひふ》の細胞《さいぼう》からつくるため、移植《いしょく》する際《さい》に拒絶反応《きょぜつはんのう》が起こりにくいとされている。このiPS《アイピーエス》細胞《さいぼう》の開発が評価《ひょうか》されて、山中《やまなか》はノーベル賞《しょう》を受賞《じゅしょう》した。

ノーベル賞《しょう》の受賞者《じゅしょうしゃ》には企業《きぎょう》に属《ぞく》したり、企業《きぎょう》とともに研究活動をおこなったりする人物もいて、それがもとで裁判《さいばん》になった例もある。

最初に紹介《しょうかい》するのは、青色発光ダイオード（青色ＬＥＤ）を開発して、二〇一四年に赤碕勇《あかさきいさむ》、天野浩《あまのひろし》とともにノーベル物理学賞《ぶつりがくしょう》を受賞《じゅしょう》した中村修二《なかむらしゅうじ》である。ＬＥＤの開発は二十世紀《せいき》のなかばからはじまっていて、あらゆる色をつくりだす光の三原色のうち、赤色と緑色はすでに開発されていた。しかし、青色の開発だけが遅《おく》れていた。その状況《じょうきょう》をくつがえしたのが中村《なかむら》で、一九九三年に青色ＬＥＤの開発を成功させた。これにより光の三原色がすべてそろい、白色をつくりだせるようになったのだ。現在《げんざい》では、ＬＥＤを使った信号機や電球などがさまざまなところで使われている。

中村《なかむら》は、青色ＬＥＤを開発したあとで、つとめていた日本の企業《きぎょう》を退社《たいしゃ》し、アメリカの大学教授《だいがくきょうじゅ》に着任《ちゃくにん》した。ところが、二〇〇〇年、その企業《きぎょう》から営業秘密《えいぎょうひみつ》をもらした疑《うたが》いで裁判《さいばん》を起こされた。その翌年《よくとし》には、逆《ぎゃく》に中村《なかむら》が、その企業《きぎょう》に対して特許権《とっきょけん》をゆずることと特許《とっきょ》の対価《たいか》の増額《ぞうがく》を求めて裁判《さいばん》を起こした。この裁判《さいばん》は「青色ＬＥＤ訴《そ》訟《しょう》」ともよばれ、東京地方裁判所《ちほうさいばんしょ》は日本企業《きぎょう》に、中村《なかむら》に対する二百億円もの巨額《きょがく》の支《し》払《はら》いを命じた。その金額《きんがく》の大きさは社会に衝撃《しょうげき》をもたらしたが、最終的には日本企業《きぎょう》が中村《なかむら》に八億四千万円を支払《しはら》うことで和解《わかい》が成立している。

もう一人は、二〇一八年にノーベル生理学・医学賞《いがくしょう》を受賞《じゅしょう》した本庶佑《ほんじょたすく》である。本庶《ほんじょ》は、人の体で免疫《めんえき》がはたらきすぎないようにする新たな物質《ぶっしつ》PD－1を発見。この発見は、人の体の中にある免疫《めんえき》でがん細胞《さいぼう》を攻撃《こうげき》させる「オプジーボ」という治療薬《ちりょうやく》の開発につながり、今では世界中の医療現場《いりょうげんば》で使われている。しかし、オプジーボの特《とっ》許料《きょりょう》をめぐって共同開発をした日本の製薬会社《せいやくがいしゃ》との争いが発生。二〇二〇年に本庶《ほんじょ》が製薬会社《せいやくがいしゃ》を裁判《さいばん》でうったえる事態《じたい》にまで発展《はってん》してしまった。この一件《いっけん》は、翌年《よくとし》に裁判《さいばん》所《しょ》からおたがいに和解《わかい》することがすすめられ、最終的には製薬会社《せいやくがいしゃ》が本庶《ほんじょ》や本庶《ほんじょ》がつとめている大学に賠償金《ばいしょうきん》などを支払《しはら》うことで解決《かいけつ》した。

さまざまなエピソードを残す人物たちが受賞《じゅしょう》しているノーベル賞《しょう》については、毎年秋になると、日本人の受賞者《じゅしょうしゃ》がいるのか大いに注目される。

イグノーベル賞《しょう》

世界が爆笑《ばくしょう》!? オモシロ大研究

毎年、秋になると、「ノーベル賞《しょう》」受賞者《じゅしょうしゃ》のニュースがテレビや新聞をにぎわす。同じ時期に、よく似《に》た名前の「イグノーベル賞《しょう》」も発表されることを知っているだろうか。こちらは人々《ひとびと》を思わず笑わせ、しかも考えさせる研究や業績《ぎょうせき》に対して贈《おく》られる賞《しょう》として、一九九一年にアメリカで創設《そうせつ》された。部門はノーベル賞《しょう》と同じ物理学賞《ぶつりがくしょう》や化学賞《かがくしょう》、文学賞《ぶんがくしょう》、平和賞《へいわしょう》などがある一方で、意思疎通学賞《そつうがくしょう》や栄養学賞《えいようがくしょう》などといった独《どく》自《じ》のものもある。また、すでにある賞《しょう》にあてはまらない研究の場合は、その内容《ないよう》にあわせて一年かぎりの賞《しょう》がもうけられることがあるため、賞《しょう》の種類はノーベル賞《しょう》よりも多種多様だ。毎年、十組程度《ていど》の団体《だんたい》や個人《こじん》がイグノーベル賞《しょう》を受賞《じゅしょう》している。

人々《ひとびと》を思わず笑わせる賞《しょう》というだけあって、受賞者《じゅしょうしゃ》の研究内容《ないよう》はじつにユニークだ。

たとえば、二〇二四年に日本のチームが生理学賞《せいりがくしょう》を受賞《じゅしょう》した研究は、多くのホ乳類《にゅうるい》におしりから呼吸《こきゅう》する能力《のうりょく》があるという仕組みの発見だ。肺呼吸《はいこきゅう》がむずかしくなったブタなどの動物の肛門《こうもん》から、高濃度《こうのうど》の酸素《さんそ》をふくむ液体《えきたい》を腸《ちょう》に送りこむ実験をしたところ、血液中《けつえきちゅう》の酸素《さんそ》が大幅《おおはば》にふえた。とくにブタの場合は、呼吸《こきゅう》不全の症状《しょうじょう》の改善《かいぜん》が見られたという。「おしり」と聞くと、思わずくすっと笑ってしまうが、じつは大まじめな研究なのだ。人工呼《こ》吸器《きゅうき》を使うのがむずかしい患者《かんじゃ》などへの新しい治療法《ちりょうほう》につながるように開発が進んでいる。

皮肉をこめて賞《しょう》が授与《じゅよ》されることもある。たとえば「水爆《すいばく》の父」として知られるエドワード・テラーは、

2019年までイグノーベル賞《しょう》の授賞式《じゅしょうしき》が開催《かいさい》されていたハーバード大学のメモリアルホール（アメリカ・マサチューセッツ州）。

一九九一年に平和賞《へいわしょう》を受賞《じゅしょう》していて、その理由は「われわれが知る『平和』の意味を変えることに、生涯《しょうがい》にわたって努力した」というものだった。

　このイグノーベル賞《しょう》は、ノーベル賞《しょう》のパロディとして、アメリカのユーモア系《けい》科学雑誌《ざっし》『ANNALES OF IMPROBABLE RESEARCH《アナルズオブインプロバブルリサーチ》』（直訳《ちょくやく》すると「風変わりな研究の年鑑《ねんかん》」）の編集長《へんしゅうちょう》、マーク・エイブラハムズによって創設《そうせつ》された。「イグ」には英語で否定的《ひていてき》な意味があり、それに「下品な、不名誉《ふめいよ》な」といった意味の「ignoble《イグノーブル》」という単語をかけている。とはいえ、ノーベル賞《しょう》を否定《ひてい》するとか、笑いをとることだけを目的とした賞《しょう》ではない。選考委員会には、ノーベル賞受賞者《しょうじゅしょうしゃ》をふくむハーバード大学やマサチューセッツ工科大学の教授《きょうじゅ》らが名をつらねている。授賞式《じゅしょうしき》にはノーベル賞《しょう》受賞者《じゅしょうしゃ》が多数参加し、賞《しょう》を授与《じゅよ》する係などをつとめる。

　意外に思うかもしれないが、ノーベル賞《しょう》とイグノーベル賞《しょう》をダブル受賞《じゅしょう》した研究者もいる。オランダのアンドレ・ガイム氏は、二〇〇〇年に「カエルの磁気浮上《じきふじょう》」でイグノーベル物理学賞《ぶつりがくしょう》を受賞《じゅしょう》し、二〇一〇年には「グラフェン」という非常《ひじょう》に薄《うす》くて強度のあるシートの研究でノーベル物理《ぶつり》学賞《がくしょう》を受賞《じゅしょう》した。ふたつの研究に共通点はないが、ガイム氏は「イグノーベル賞《しょう》の受賞《じゅしょう》を誇《ほこ》りに思う」と語っている。このように、イグノーベル賞は世界の第一線で活躍《かつやく》する研究者も一目おく賞《しょう》なのである。

授賞式《じゅしょうしき》もおもしろい。お祭りのように盛《も》りあがる式の開始時には、観客が紙飛行機を飛ばすのが恒例《こうれい》だ。受賞者《じゅしょうしゃ》のスピーチでは、かならず笑いをとることが求められる。トロフィーは紙に印刷されたもので、自分で組み立てるというのでユニークだ。

賞金《しょうきん》は、近年は十兆ジンバブエドルが贈《おく》られている。たいへんな高額《こうがく》のように感じるが、二〇一五年に廃止《はいし》された通貨で、廃止前《はいしまえ》でも一円以下の価値《かち》しかなかったというので笑える。

日本は、イギリスとならんで受賞者《じゅしょうしゃ》の多い国である。二〇〇七年から二〇二四年までの十八年間、連続して受《じゅ》

賞金《しょうきん》として贈呈《ぞうてい》される10兆ジンバブエドルの紙幣《しへい》。

賞者《しょうしゃ》を出している。いくつか紹介《しょうかい》しよう。
最初は一九九二年、「足のにおいの原因物質《げんいんぶっしつ》の特定」という研究で、資生堂《しせいどう》の研究グループが医学賞《いがくしょう》を受賞《じゅしょう》した。このほかにも二〇〇二年に犬語翻訳機《ほんやくき》の「バウリンガル」、二〇〇四年に「カラオケ」で平和賞《へいわしょう》を受賞《じゅしょう》し、二〇一一年には災害時《さいがいじ》にわさびの香りで眠《ねむ》っている人を起こす装置《そうち》を開発して化学賞《かがくしょう》を受賞《じゅしょう》するなど、多彩《たさい》な研究が受賞《じゅしょう》している。

バナナの皮のすべりやすさも研究対象《たいしょう》になる。

たとえば、「バナナの皮のすべりやすさ」という研究は、二〇一四年に物理学賞《ぶつりがくしょう》を受賞《じゅしょう》した。バナナの皮を踏《ふ》むとすべるというが、じつは、それまでだれも証明《しょうめい》していなかったのだそうだ。研究チームは、バナナの皮を踏《ふ》むと通常《つうじょう》の六〜七倍のすべりやすさになることを実験で証明《しょうめい》した。遊びのような実験に思えるが、実際は人工関節の摩擦をへらして動きをよくする研究に役立てられるという。

イグノーベル賞創設者《しょうそうせつしゃ》のエイブラハムズは、「日本とイギリスには変わった人が多い」と話している。しかも、両国ともに、変わっている人が多いことを誇《ほこ》りにしているのだそうだ。こうした国民気質《きしつ》が、ユニークな発明をうみだす基盤《きばん》になっているのだろう。日本人の気質《きしつ》はまじめだといわれるが、じつは常識《じょうしき》にとらわれない発想によって、世の中を変えていく力を持っているのかもしれない。

偉大《いだい》な研究者や発明家も、最初は「何をばかげたことをしているんだ」と人々《ひとびと》から笑われることが少なくない。最初は奇妙《きみょう》に見える研究でも、のちの世には大きな成果をうむ可能性《かのうせい》もある。また、一般的《いっぱんてき》にむずかしいと思われている研究も、そこにユーモアを感じることで、ぐっと親しみやすくなる。イグノーベル賞《しょう》は世の中の人々《ひとびと》の興《きょう》味《み》を引きだし、探究心《たんきゅうしん》を深めることに貢献《こうけん》している。

年	部門	授賞《じゅしょう》の理由
2011年	化学賞《かがくしょう》	火災《かさい》など緊急時《きんきゅうじ》に、眠《ねむ》っている人を起こすのに適切《てきせつ》な空気中のわさびの濃度《のうど》を発見し、わさびによる警報装置《けいほうそうち》を開発。
2012年	音響賞《おんきょうしょう》	話した言葉をほんの少し遅《おく》れて本人に聞かせることで、その人の発話を妨害《ぼうがい》する装置《そうち》「スピーチジャマー」を発明。
2013年	化学賞《かがくしょう》	タマネギを切ったときに涙《なみだ》が出る複雑《ふくざつ》な仕組みや、原因《げんいん》となっている酵素《こうそ》を解明《かいめい》。
	医学賞《いがくしょう》	心臓移植《しんぞういしょく》をしたマウスにオペラを聞かせると、拒絶反応《きょぜつはんのう》がおさえられて生存《せいぞん》期間がのびるという研究。
2014年	物理学賞《ぶつりがくしょう》	床《ゆか》にあるバナナの皮を人が踏《ふ》んだときの摩擦《まさつ》の大きさを計測《けいそく》した研究。
2015年	医学賞《いがくしょう》	キスをすることで、アレルギー患者《かんじゃ》のアレルギー反応《はんのう》が弱まるという研究。
2016年	知覚賞《ちかくしょう》	前かがみになって股《また》のあいだから後方をのぞくと、実際《じっさい》より小さく見える「股《また》のぞき効果《こうか》」を実験でしめした研究。
2017年	生物学賞《せいぶつがくしょう》	オスとメスで生殖器《せいしょくき》の形状《けいじょう》が逆転《ぎゃくてん》しているトリカヘチャタテという昆虫《こんちゅう》の存在《そんざい》をあきらかにした研究。
2018年	医学教育賞《きょういくしょう》	自分で内視鏡《ないしきょう》を操作《そうさ》し、大腸《だいちょう》を検査《けんさ》した結果をまとめた論文《ろんぶん》。
2019年	化学賞《かがくしょう》	典型的《てんけいてき》な5歳《さい》の子どもが1日に分泌《ぶんぴつ》する唾液《だえき》の量の測定《そくてい》。
2020年	音響学賞《おんきょうがくしょう》	ワニにヘリウムガスを吸《す》わせて、人と同じように声が変わる原理をあきらかにした研究。
2021年	動力学賞《どうりきがくしょう》	むかいあった歩行者同士《どうし》の衝突《しょうとつ》につながるメカニズムをあきらかにする実験。
2022年	工学賞《こうがくしょう》	取っ手やつまみを片方《かたほう》の手でまわすときの、取っ手やつまみの直径と指の本数との関係を研究。
2023年	栄養学賞《えいようがくしょう》	微弱《びじゃく》な電気刺激《しげき》をあたえた箸《はし》や、フォーク、ストローを使った場合の味覚の変化。
2024年	生理学賞《せいりがくしょう》	ブタなどのホ乳類《にゅうるい》が肛門《こうもん》を使って「おしり呼吸《こきゅう》」ができる仕組みを発見。

イグノーベル賞《しょう》　日本人の受賞《じゅしょう》

年	部門	授賞《じゅしょう》の理由
1992年	医学賞《いがくしょう》	足のにおいの原因《げんいん》となる化学物質《ぶっしつ》の特定。
1995年	心理学賞《しんりがくしょう》	ハトを訓練して、「ピカソの絵」と「モネの絵」を区別させることに成功。
1996年	生物多様性賞《せいぶつたようせいしょう》	岩手県《いわてけん》の岩石から、ミニ恐竜《きょうりゅう》、ミニ馬、ミニドラゴン、ミニ王女など、1000種類以上におよぶミニ種の化石を発見。
1997年	生物学賞《せいぶつがくしょう》	人がガムをかんでいるときに、ガムの味によって脳波《のうは》がどう変わるのかの研究。
	経済学賞《けいざいがくしょう》	「たまごっち」により、数百万人もの労働時間を仮想《かそう》ペットの飼育《しいく》についやさせた実績《じっせき》。
1999年	化学賞《かがくしょう》	夫のパンツにふきかけることで、浮気《うわき》が発見できるスプレー「Sチェック」を開発。
2002年	平和賞《へいわしょう》	人とイヌに平和と調和をもたらした犬語翻訳機《ほんやくき》「バウリンガル」の開発。
2003年	化学賞《かがくしょう》	兼六園《けんろくえん》（石川県金沢市《いしかわけんかなざわし》）にある日本武尊《やまとたけるのみこと》の銅像《どうぞう》にハトがよりつかないことをヒントにして、カラスよけの合金を開発。
2004年	平和賞《へいわしょう》	人々《ひとびと》がたがいに寛容《かんよう》になる新しい手段《しゅだん》を提供《ていきょう》した「カラオケ」を発明。
2005年	生物学賞《せいぶつがくしょう》	131種類のカエルがストレスを感じているときに発する特有のにおいを分類してカタログ化した実績《じっせき》。
	栄養学賞《えいようがくしょう》	34年間にわたって自分の食事を写真に撮影《さつえい》し、食べたものが脳《のう》のはたらきや体調にあたえる影響《えいきょう》を分析《ぶんせき》。
2007年	化学賞《かがくしょう》	ウシの排《はい》せつ物《ぶつ》から、バニラの香り成分である「バニリン」を抽出《ちゅうしゅつ》した研究。
2008年	認知科学賞《にんちかがくしょう》	単細胞《たんさいぼう》生物の真正粘菌《しんせいねんきん》にパズルをとく能力《のうりょく》があることを発見。
2009年	生物学賞《せいぶつがくしょう》	ジャイアントパンダの排《はい》せつ物《ぶつ》から採取《さいしゅ》したバクテリアをもちいると、台所の生《なま》ごみの質量《しつりょう》が9割《わり》以上削減《さくげん》できることを研究。
2010年	交通計画賞《けいかくしょう》	都市のインフラストラクチャーの整備《せいび》において、真正粘菌《しんせいねんきん》を利用して輸送効率《ゆそうこうりつ》にすぐれたネットワークを設計《せっけい》。

アカデミー賞《しょう》

華《はな》やかなスターが集まる映画賞《えいがしょう》

アカデミー賞《しょう》は、一九二九年に第一回の授賞式《じゅしょうしき》が開催《かいさい》されたアメリカの映画賞《えいがしょう》である。アメリカの映画《えいが》業界の団体《だんたい》である映画芸術《えいがげいじゅつ》科学アカデミーが、会員の投票結果によって賞《しょう》をあたえる。毎年、春にアメリカのハリウッドで開催《かいさい》される授賞式《じゅしょうしき》にはたくさんのスターが集まる。テレビ中継《ちゅうけい》されることもあって世界から注目され、アメリカ映画界《えいがかい》最大のイベントとなっている。

アカデミー賞《しょう》は、その年のもっともすぐれた映画《えいが》作品、監督《かんとく》、主演《しゅえん》・助演《じょえん》の女優《じょゆう》と男優《だんゆう》などにあたえられ、受賞者《じゅしょうしゃ》にはオスカーとよばれる金色の像《ぞう》が贈《おく》られる。主要な賞《しょう》について、いくつかの作品や監督《かんとく》、俳優《はいゆう》を紹介《しょうかい》しよう。

一九四〇年に作品賞《さくひんしょう》を受賞《じゅしょう》した『風と共に去りぬ』は、アメリカ人女性《じょせい》のマーガ

1929年におこなわれた第1回アカデミー賞《しょう》の授賞式《じゅしょうしき》。

レット・ミッチェルの小説を映画化《えいがか》した作品である。南北戦争前後のアメリカ南部を舞台《ぶたい》とし、主人公である女性《じょせい》のスカーレット・オハラがたくましく生きる姿《すがた》をえがいている。ちなみに、この映画《えいが》は作品賞《さくひんしょう》のほかに、スカーレット役を演《えん》じたヴィヴィアン・リーが主演女優賞《しゅえんじょゆうしょう》を受賞《じゅしょう》するなど、八部門を受賞《じゅしょう》した。

この『風と共に去りぬ』は、日本では太平洋戦争が終結した七年後の一九五二年に全国ロードショーがはじまった。じつは、太平洋戦争の開戦前に日本に輸入《ゆにゅう》されていたが、この作品を見た軍部が、反戦映画《えいが》だと判断《はんだん》して送りかえしてしまっていたのだ。しかし、ひそかに印刷物

『風と共に去りぬ』の原作者、マーガレット・ミッチェル。

を見ることができた人や、日本の占領地域《せんりょうちいき》でないところで映画《えいが》を見た人もいたそうだ。そういった人たちは「このような映画《えいが》をつくる国と戦争しても勝てるはずはない」と思ったという。

一九七七年に作品賞《さくひんしょう》を受賞《じゅしょう》した『ロッキー』はボクシングを題材としたスポーツ映画《えいが》である。この映画《えいが》では、主人公のロッキーが五個《こ》の生卵《なまたまご》をわって飲むシーンがある。しかし、この場面はアメリカでの公開当初、観客から悲鳴やブーイングが巻《ま》き起《お》こったという。というのも、アメリカでは、卵《たまご》を加熱せずに生《なま》のまま食べると食中毒《しょくちゅうどく》を起こすと考えられているからだ。実際《じっさい》、主役のロッキーを演《えん》じたシルベスター・スタローンは、この場面の撮影《さつえい》をたいへんいやがっていたとされる。

スティーブン・スピルバーグは、一九九四年に『シンドラーのリスト』で監督賞《かんとくしょう》を受賞《じゅしょう》した。この作品はナチス・ドイツによるユダヤ人虐殺《ぎゃくさつ》をテーマにした映画《えいが》である。ユダヤ人の家庭にうまれたスピルバーグは「血に染《そ》まった金はもらえない」として、この映画《えいが》の監督《かんとく》を無報酬《むほうしゅう》で引き受けたという。

スピルバーグは、小学生のときの読み書きのレベルが同級生よりも二年くらい遅《おそ》く、中学時代には、それが原因《げんいん》でいじめを受けていたという。しかし、映画《えいが》との出会いが彼《かれ》の生活を激変《げきへん》させた。十七歳《さい》でアメリカの映画製作《えいがせいさく》・配給会社のユニバーサル・スタジオに見学ツアーで参加した際《さい》、帰りのバスに乗りこまずに、スタジオ内にとどまったという。なんと、わずか三日で人脈《じんみゃく》をつくり、顔パスでスタジオに出入りできるようになったというのだ。その後、大学時代にも、休みの日にはユニバーサル・スタジオへ出入りし、掃除《そうじ》小屋だったあき部屋を自分のオフィスとして使いはじめ、とうとうユニバーサル・スタジオに住みこむようになった。そして、スピルバーグは、このオフィスで続々《ぞくぞく》と作品を完成させ、ユニバーサル・スタジオとのあいだで七年間の契約《けいやく》を結ぶことに成功した。

1953年当時のグレース・ケリー。

グレース・ケリーは一九五五年に『喝采《かっさい》』という作品で主演女優賞《しゅえんじょゆうしょう》を授与《じゅよ》された人物である。おさないころは内気な子だったが、芝居《しばい》に興味《きょうみ》を持つと、地元のアマチュア劇団《げきだん》に参加し、やがてニューヨークのブロードウェイにある演劇《えんげき》学校へと進んだ。そこでコンプレックスだった鼻声やなまりを努力の末に克服《こくふく》し、やがて映画《えいが》と出会うことになった。その後、グレースは、一九五二年に公開された『真昼の決闘《けっとう》』という作品を皮切りに数々《かずかず》の映画《えいが》に出演《しゅつえん》。『喝采《かっさい》』では、酒におぼれて何もできなくなった夫をささえる、疲《つか》れきった妻《つま》という役柄《やくがら》をみごとに演《えん》じて主演女優賞《しゅえんじょゆうしょう》にかがやいた。

一九五六年にはモナコ公国の君主、レーニエ三世と結婚《けっこん》。跡継《あとつ》ぎをうまなければならないという当時の重圧《じゅうあつ》をはねのけて、三人の子どもを出産して育てあげた。

オードリー・ヘプバーンは一九五四年に『ローマの休日』という作品で主演女優賞《しゅえんじょゆうしょう》を受賞《じゅしょう》した。この作品はローマを舞台《ぶたい》にした恋愛映画《れんあいえいが》である。オードリーはアン王女という役を演《えん》じて人気を博し、日本では一九五四年に公開（アメリカでの公開は前年）されている。当時、彼女《かのじょ》のショートカットの髪形《かみがた》がヘプバーンカットとよばれ、日本で流行した。

1956年当時のオードリー・ヘプバーン。

ヘプバーンは、子ども時代には両親の離婚《りこん》やナチス・ドイツの侵攻《しんこう》を経験《けいけん》。かよっていたバレエ学校を断念《だんねん》して、ナチス・ドイツに対する抵抗《ていこう》運動に参加していたという。第二次世界大戦が終わったあと、ヘプバーンはふたたびバレエダンサーの道をこころざすが、ブランクが長かったことや、戦争による栄養失調の後遺症《こういしょう》でこの道を断念《だんねん》。その後、生活のためにミュージカル舞台《ぶたい》や映画《えいが》などの仕事をはじめた。そして、『ローマの休日』によって「銀幕《ぎんまく》の妖精《ようせい》」とたたえられるほどの人気者になった。

ところが、本人は、自分の外見に対して、とてもコンプレックスをいだいていたという。一九六一年に公開された『ティファニーで朝食を』という映画《えいが》では、フランスのファッションデザイナーと相談して、やせた体が貧弱《ひんじゃく》に見えないようにくふうし、黒いドレスのウェストにギャザーを入れてふくらみを出したという。

トム・ハンクスは一九九四年と一九九五年に二年連続で主演男優賞《しゅえんだんゆうしょう》を授与《じゅよ》された人物である。映画《えいが》業界でも好人物だといわれ、たくさんのファンに愛されている。二〇二〇年のコロナ禍《か》のとき、八歳《さい》の男の子が、ハンクス夫妻《ふさい》が新型《しんがた》コロナ感染症《かんせんしょう》にかかったことを知り、ハンクスに連絡《れんらく》をしたという。じつは、この男の子は「コロナ」という名前のせいでいじめられていた。これを知ったハンクスは、あえて使っていたコロナ社製《せい》のタイプライターに手紙をそえて、その男の子をなぐさめたという。

アカデミー賞《しょう》については、日本人の関係者も受賞《じゅしょう》している。二〇二四年時点で最多は、「世界のクロサワ」とよばれる黒澤明監督《くろさわあきらかんとく》と、後述《こうじゅつ》する宮崎駿《みやざきはやお》の三回である。黒澤《くろさわ》がはじめてアカデミー賞《しょう》にかがやいたのは、芥川龍之介《あくたがわりゅうのすけ》の小説をもとにした『羅生門《らしょうもん》』という作品である。この映画《えいが》で黒澤《くろさわ》は、一九五二年に名誉賞《めいよしょう》（今の国際長編映画賞《こくさいちょうへんえいがしょう》）を授与《じゅよ》された。

黒澤《くろさわ》は映画《えいが》になると妥協《だきょう》を許《ゆる》さない監督《かんとく》として知られていた。「馬が演技《えんぎ》をしていない」「雲の形が気に入らない」「川の流れを逆《ぎゃく》にしてくれ」などと、撮影《さつえい》スタッフにむちゃな注文をしたというエピソードが残されている。一九六三年に公開された『天国と地獄《じごく》』という映画《えいが》では、鉄橋付近にある民家の屋根がじゃまだと言い、撮影《さつえい》が終わったら建てなおすという条件《じょうけん》で、その民家の屋根を撮影《さつえい》のためにとりこわしたという。映画《えいが》に対して強いこだ

『羅生門《らしょうもん》』が1950年に劇場《げきじょう》公開されたときのポスター。

わりを見せていた黒澤《くろさわ》の作品は、海外の映画監督《えいがかんとく》にも大きな影響《えいきょう》をあたえた。映画製《えいがせい》作者《さくしゃ》のジョージ・ルーカスは、一九五八年に公開された『隠《かく》し砦《とりで》の三悪人』の一部をヒントにして『スターウォーズ』シリーズの一作めをつくったという。

このようにアカデミー賞《しょう》は、世界の映画史《えいがし》を象徴《しょうちょう》するような作品や人物が受賞《じゅしょう》し、今にいたっている。

一方、日本にも「アカデミー」と名のつく映画賞《えいがしょう》がある。それが「日本アカデミー賞《しょう》」である。この賞《しょう》は、アメリカの映画芸術《えいがげいじゅつ》科学アカデミーから許可《きょか》を得《え》て創設《そうせつ》され、一九七八年から毎年一回、日本アカデミー賞《しょう》協会の主催《しゅさい》で授賞式《じゅしょうしき》が開催《かいさい》されている。

日本の映画賞《えいがしょう》をつくると意気ごんでスタートした賞《しょう》だが、じつは当初、マスコミからの評判《ひょうばん》が悪く、賞《しょう》を受け取ってもらえないこともあったという。また、黒澤明《くろさわあきら》からは「アメリカには映画芸術《えいがげいじゅつ》科学アカデミーという組織《そしき》があって、そこがあたえる賞《しょう》だからアカデミー賞《しょう》なんだ。何が日本アカデミー賞《しょう》だ」と批判《ひはん》されもした。

ちなみに、一九八一年の第四回日本アカデミー賞《しょう》では黒澤《くろさわ》の『影武者《かげむしゃ》』が最優秀作《さいゆうしゅうさく》品賞《ひんしょう》の最有力となっていたが、黒澤《くろさわ》が選考対象《たいしょう》にしないでほしいと日本アカデミー賞《しょう》協会に伝えていたため、受賞《じゅしょう》することはなかったようだ。監督《かんとく》としての受賞《じゅしょう》はないものの、二〇〇一年に『雨あがる』で最優秀脚本賞《さいゆうしゅうきゃくほんしょう》を受賞《じゅしょう》している。

受賞者《じゅしょうしゃ》のひとりである宮崎駿《みやざきはやお》は日本のアニメ監督《かんとく》だ。『もののけ姫《ひめ》』などの作品で最優秀作品賞《さいゆうしゅうさくひんしょう》を受賞《じゅしょう》している。デジタル全盛《ぜんせい》の今でも手描《てが》きにこだわり、二〇二四年に最優秀《さいゆうしゅう》アニメーション作品賞《さくひんしょう》を受賞《じゅしょう》した『君たちはどう生きるか』では、制作過程《せいさくかてい》の絵のほとんどを宮崎《みやざき》らが紙に鉛筆《えんぴつ》と絵の具でえがいたという。

高倉健《たかくらけん》は四度の主演男優賞《しゅえんだんゆうしょう》を受賞《じゅしょう》した俳優《はいゆう》だ。一九七八年にはじめて主演男優賞《しゅえんだんゆうしょう》を受賞《じゅしょう》した『幸福《しあわせ》の黄色いハンカチ』では、冒頭《ぼうとう》で高倉《たかくら》がおいしそうに飲み食いするシーンがある。高倉《たかくら》はこのシーンのリアリティを出すため、二日間、何も食べなかったそうだ。

日本アカデミー賞《しょう》も、日本を代表する作品や監督《かんとく》、個性的《こせいてき》な人物が受賞《じゅしょう》している。鑑賞《かんしょう》したい映画《えいが》を選ぶときの参考にしてみてはどうだろうか。

アカデミー賞《しょう》　日本の作品・日本人の受賞《じゅしょう》

年（回数）	受賞《じゅしょう》した賞《しょう》	受賞《じゅしょう》した作品・人物
1952年（第24回）	名誉賞《めいよしょう》	『羅生門《らしょうもん》』黒澤明監督《くろさわあきらかんとく》
1955年（第27回）	名誉賞《めいよしょう》	『地獄門《じごくもん》』衣笠貞之助監督《きぬがさていのすけかんとく》
	衣装《いしょう》デザイン賞《しょう》	『地獄門《じごくもん》』和田三造《わださんぞう》
1956年（第28回）	名誉賞《めいよしょう》	『宮本武蔵《みやもとむさし》』稲垣浩監督《いながきひろしかんとく》
1958年（第30回）	助演女優賞《じょえんじょゆうしょう》	『サヨナラ』ナンシー梅木《うめき》
1976年（第48回）	外国語映画賞《えいがしょう》	『デルス・ウザーラ』黒澤明監督《くろさわあきらかんとく》
1986年（第58回）	衣装《いしょう》デザイン賞《しょう》	『乱《らん》』ワダエミ
1988年（第60回）	作曲賞《さっきょくしょう》	『ラストエンペラー』坂本龍一《さかもとりゅういち》
1990年（第62回）	名誉賞《めいよしょう》	黒澤明《くろさわあきら》
1993年（第65回）	衣装《いしょう》デザイン賞《しょう》	『ドラキュラ』石岡瑛子《いしおかえいこ》
1999年（第71回）	短編《たんぺん》ドキュメンタリー賞《しょう》	『ザ・パーソナルズ～黄昏《たそがれ》のロマンス～』伊比恵子監督《いびけいこかんとく》
2003年（第75回）	長編《ちょうへん》アニメーション賞《しょう》	『千《ち》と千尋《ひろ》の神隠《かみかく》し』宮崎駿監督《みやざきはやおかんとく》
2009年（第81回）	外国語映画賞《えいがしょう》	『おくりびと』滝田洋二郎監督《たきたようじろうかんとく》
	短編《たんぺん》アニメーション賞《しょう》	『つみきのいえ』加藤久仁生監督《かとうくにおかんとく》
2015年（第87回）	名誉賞《めいよしょう》	宮崎駿《みやざきはやお》
2022年（第94回）	国際長編映画賞《こくさいちょうへんえいがしょう》	『ドライブ・マイ・カー』濱口竜《はまぐちりゅう》介監督《すけかんとく》
2024年（第96回）	長編《ちょうへん》アニメーション賞《しょう》	『君たちはどう生きるか』宮崎駿監《みやざきはやおかん》督《とく》、鈴木敏夫《すずきとしお》プロデューサー
	視覚効果賞《しかくこうかしょう》	『ゴジラ-1.0』山崎貴監督《やまざきたかしかんとく》、渋谷《しぶや》紀世子《きよこ》、高橋正紀《たかはしまさき》、野島達司《のじまたつじ》

（一部の賞《しょう》をのぞいている）

日本アカデミー賞《しょう》　最優秀作品賞《さいゆうしゅうさくひんしょう》 ①

回	年	受賞作《じゅしょうさく》・受賞者《じゅしょうしゃ》
第1回	1978年	『幸福《しあわせ》の黄色いハンカチ』（山田洋次《やまだようじ》）
第2回	1979年	『事件《じけん》』（野村芳太郎《のむらよしたろう》）
第3回	1980年	『復讐《ふくしゅう》するは我《われ》にあり』（今村昌平《いまむらしょうへい》）
第4回	1981年	『ツィゴイネルワイゼン』（鈴木清順《すずきせいじゅん》）
第5回	1982年	『駅 STATION《ステーション》』（降旗康男《ふるはたやすお》）
第6回	1983年	『蒲田《かまた》行進曲』（深作欣二《ふかさくきんじ》）
第7回	1984年	『楢山節考《ならやまぶしこう》』（今村昌平《いまむらしょうへい》）
第8回	1985年	『お葬式《そうしき》』（伊丹十三《いたみじゅうぞう》）
第9回	1986年	『花いちもんめ』（伊藤俊也《いとうしゅんや》）
第10回	1987年	『火宅《かたく》の人』（深作欣二《ふかさくきんじ》）
第11回	1988年	『マルサの女』（伊丹十三《いたみじゅうぞう》）
第12回	1989年	『敦煌《とんこう》』（佐藤純彌《さとうじゅんや》）
第13回	1990年	『黒い雨』（今村昌平《いまむらしょうへい》）
第14回	1991年	『少年時代』（篠田正浩《しのだまさひろ》）
第15回	1992年	『息子』（山田洋次《やまだようじ》）
第16回	1993年	『シコふんじゃった。』（周防正行《すおまさゆき》）
第17回	1994年	『学校』（山田洋次《やまだようじ》）
第18回	1995年	『忠臣蔵外伝《ちゅうしんぐらがいでん》 四谷怪談《よつやかいだん》』（深作欣二《ふかさくきんじ》）
第19回	1996年	『午後の遺言状《ゆいごんじょう》』（新藤兼人《しんどうかねと》）
第20回	1997年	『Shall we《シャルウィー》 ダンス？』（周防正行《すおまさゆき》）
第21回	1998年	『もののけ姫《ひめ》』（宮崎駿《みやざきはやお》）
第22回	1999年	『愛を乞《こ》うひと』（平山秀幸《ひらやまひでゆき》）
第23回	2000年	『鉄道員（ぽっぽや）』（降旗康男《ふるはたやすお》）

日本アカデミー賞《しょう》　最優秀作品賞《さいゆうしゅうさくひんしょう》②

回	年	受賞作《じゅしょうさく》・受賞者《じゅしょうしゃ》
第24回	2001年	『雨あがる』（小泉堯史《こいずみたかし》）
第25回	2002年	『千と千尋《ちひろ》の神隠《かみかく》し』（宮崎駿《みやざきはやお》）
第26回	2003年	『たそがれ清兵衛《せいべえ》』（山田洋次《やまだようじ》）
第27回	2004年	『壬生義士伝《みぶぎしでん》』（滝田洋二郎《たきたようじろう》）
第28回	2005年	『半落ち』（佐々部清《ささべきよし》）
第29回	2006年	『ALWAYS《オールウェイズ》 三丁目の夕日』（山崎貴《やまざきたかし》）
第30回	2007年	『フラガール』（李相日《リサンイル》）
第31回	2008年	『東京タワー オカンとボクと、時々《ときどき》、オトン』（松岡錠司《まつおかじょうじ》）
第32回	2009年	『おくりびと』（滝田洋二郎《たきたようじろう》）
第33回	2010年	『沈《しず》まぬ太陽』（若松節朗《わかまつせつろう》）
第34回	2011年	『告白《こくはく》』（中島哲也《なかしまてつや》）
第35回	2012年	『八日目の蝉《せみ》』（成島出《なるしまいずる》）
第36回	2013年	『桐島《きりしま》、部活やめるってよ』（吉田大八《よしだだいはち》）
第37回	2014年	『舟《ふね》を編《あ》む』（石井裕也《いしいゆうや》）
第38回	2015年	『永遠《えいえん》の0《ゼロ》』（山崎貴《やまざきたかし》）
第39回	2016年	『海街《うみまち》diary《ダイアリー》』（是枝裕和《これえだひろかず》）
第40回	2017年	『シン・ゴジラ』（庵野秀明《あんのひであき》・樋口真嗣《ひぐちしんじ》）
第41回	2018年	『三度目の殺人《さつじん》』（是枝裕和《これえだひろかず》）
第42回	2019年	『万引き家族』（是枝裕和《これえだひろかず》）
第43回	2020年	『新聞記者』（藤井道人《ふじいみちひと》）
第44回	2021年	『ミッドナイトスワン』（内田英治《うちだえいじ》）
第45回	2022年	『ドライブ・マイ・カー』（濱口竜介《はまぐちりゅうすけ》）
第46回	2023年	『ある男』（石川慶《いしかわけい》）
第47回	2024年	『ゴジラ-1.0』（山崎貴《やまざきたかし》）

グラミー賞《しょう》

すべてのミュージシャンのあこがれ

「グラミー賞《しょう》」は世界有数の権威《けんい》ある音楽賞《おんがくしょう》だ。ザ・レコーディング・アカデミーが主催《しゅさい》し、世界の頂点《ちょうてん》であるアメリカの音楽業界において、すぐれた功績《こうせき》をあげたクリエイターに授与《じゅよ》される。

第一回の授賞式《じゅしょうしき》がおこなわれたのは一九五九年。この賞《しょう》が創設《そうせつ》された理由は、アメリカのレコード会社の重役たちが、映画《えいが》の「アカデミー賞《しょう》」やテレビの「エミー賞《しょう》」のような賞《しょう》を音楽業界でも創設《そうせつ》したいと考えたことだ。賞《しょう》の名前はレコードプレイヤーの原型《げんけい》である、円盤型《えんばんがた》の蓄音機《ちくおんき》「グラモフォン」がもとになっている。授賞式《じゅしょうしき》でわたされるトロフィーもグラモフォンの形をしている。

グラミー賞《しょう》の授賞《じゅしょう》会場となっているクリプト・ドットコム・アリーナ（アメリカ・ロサンゼルス）。

対象《たいしょう》となるのはアメリカ国内でリリースされた楽曲とアーティストで、ザ・レコーディング・アカデミーの会員の投票で決定する。選考は二回に分けておこなわれ、一回めでノミネート作品、二回めで受賞《じゅしょう》作品が決まる。ノミネート作品が発表されると、受賞《じゅしょう》の予想がテレビや新聞、雑誌《ざっし》などのメディアをにぎわせる。もちろん、今ではインターネット上でも注目される。受賞《じゅしょう》すれば人気がさらに高まり、レコード売り上げにも影響《えいきょう》するので、賞《しょう》の行方《ゆくえ》はファンのみならず、音楽業界にとっても大きな関心事だ。

部門は二〇二五年現在《げんざい》で九十一あり、そのうち、つぎの四つの賞《しょう》が主要四部門として、とくに注目を集めている。

▼最優秀《さいゆうしゅう》アルバム賞《しょう》……アルバム演奏者《えんそうしゃ》および製作《せいさく》チームに授与《じゅよ》
▼最優秀《さいゆうしゅう》レコード賞《しょう》……シングル曲演奏者《えんそうしゃ》および製作《せいさく》チームに授与《じゅよ》
▼最優秀楽曲賞《さいゆうしゅうがっきょくしょう》……シングル曲の作詞者《さくししゃ》、作曲者に授与《じゅよ》
▼最優秀新人賞《さいゆうしゅうしんじんしょう》……最新の一年間にいちじるしい活躍《かつやく》を見せた新人に授与《じゅよ》

二〇二五年までに最多の賞《しょう》を受賞《じゅしょう》したのは、アメリカのシンガーソングライターのビヨンセで、じつに三十五回にもおよぶ。しかし、ビヨンセが主要四部門を受賞《じゅしょう》したのは二回だけである。とくに二〇一七年には『レモネード』というアルバムが高評価《こうひょうか》を得《え》ており、最優秀《さいゆうしゅう》アルバム賞《しょう》の本命とみなされていた。ところが、受賞《じゅしょう》したのはイギリス出身のシンガーソングライターのアデルが発表した『25』というアルバムだった。アデルは私生活《しせいかつ》でビヨンセの親しい友人でもある。授賞式《じゅしょうしき》では、涙《なみだ》ながらにビヨンセのほうが受賞《じゅしょう》にふさわしいとたたえ、トロフィーをビヨンセに分けあたえようとしてこわしてしまった。二〇二五年、ビヨンセは念願の最優秀《さいゆうしゅう》アルバム賞《しょう》を受賞《じゅしょう》。二

グラミー賞《しょう》で最多受賞《じゅしょう》のビヨンセ。写真は、2011年、リオデジャネイロ（ブラジル）でのショーにて。

〇一〇年の最優秀《さいゆうしゅう》楽曲賞《がっきょくしょう》以来、ひさしぶりの主要四部門の受賞《じゅしょう》となった。

じつは、グラミー賞《しょう》をのがしたベテランミュージシャンは少なくない。伝説的なロックバンドのクィーンや、「女王」とよばれたソウル歌手のダイアナ・ロス、ロック音楽史《おんがくし》に名を残すギタリストのジミ・ヘンドリックスなども受賞《じゅしょう》していない。彼《かれ》らは、特定のアルバムや楽曲に対してではなく、音楽の分野において生涯《しょうがい》をとおして重要な貢献《こうけん》をしたとたたえられ、グラミー賞《しょう》「特別功労賞《こうろうしょう》生涯業績賞《しょうがいぎょうせきしょう》」などを授《じゅ》与《よ》されている。

これまで個人《こじん》として最年少でグラミー賞《しょう》を受賞《じゅしょう》したのは、ビヨンセの娘《むすめ》、ブルー・アイヴィー・カーターで、九歳《さい》になる直前だったというから驚《おどろ》きだ。受賞《じゅしょう》作品は二〇二一年に最優秀《さいゆうしゅう》ミュージック・ビデオ賞《しょう》にかがやいた『ブラウンスキンガール』というビデオで、ビヨンセら三人のアーティストとともにクリエイターとして名をつらねている。また、二〇二〇年のグラミー賞《しょう》では、十八歳《さい》という若《わか》さで、シンガーソングライターのビリー・アイリッシュが、主要四部門すべてをふくむ計五部門を受賞《じゅしょう》している。

高齢《こうれい》の受賞者《じゅしょうしゃ》としては、九十五歳《さい》で最優秀新人賞《さいゆうしゅうしんじんしょう》にかがやいた女性《じょせい》歌手で作曲家のアンジェラ・アルバレスがいる。もっとも、これは正確《せいかく》にはグラミー賞《しょう》ではなく、アメリカでふえつづけるスペイン・ポルトガル語系移民《ごけいいみん》に対応《たいおう》し、グラミー賞《しょう》の延長《えんちょう》として二〇〇〇年に新設《しんせつ》されたラテン・グラミー賞《しょう》での話だ。アルバレスは十代から音楽活動をはじめていたが、父親の反対などもあってプロになることは断念《だんねん》したという。

しかし、歌うことはやめず、楽曲の制作《せいさく》もつづけてきた。彼女《かのじょ》の孫である音楽制作者《せいさくしゃ》がアルバレスの楽曲を偶然《ぐうぜん》発見したことがきっかけで、九十一歳《さい》ではじめての公演《こうえん》をおこない、九十四歳《さい》で初のアルバムを発表した。キューバからの移民《いみん》として苦しい時代をすごしたアルバレスは、「人生はつらいですが、道はあります。遅《おそ》すぎることはありません」と語っている。

グラミー賞《しょう》の授賞式《じゅしょうしき》は毎年二月に開催《かいさい》される。そこでくり広げられるライブパフォーマンスも授賞式《じゅしょうしき》の楽しみだ。スターたちの熱演《ねつえん》に喝采《かっさい》が起こり、ときには涙《なみだ》をさそう場面もある。一九九三年、イギリス出身のミュージシャンであるエリック・クラプトンは『ティアーズ・イン・ヘヴン』という楽曲で、最優秀《さいゆうしゅう》レ

2017年、ロイヤル・アルバート・ホール（イギリス・ロンドン）での公演《こうえん》で演奏《えんそう》するエリック・クラプトン。

コード賞《しょう》、最優秀楽曲賞《さいゆうしゅうがっきょくしょう》、最優秀男性《さいゆうしゅうだんせい》ポップ・ボーカル・パフォーマンス賞《しょう》の三部門を受賞《じゅしょう》し、ライブで演奏《えんそう》した。じつは、この曲の誕生《たんじょう》には悲劇《ひげき》がある。一九九一年に、彼《かれ》の四歳《さい》の息子が不運な事故《じこ》で命を落としてしまったのだ。失意のどん底にあったクラプトンは、息子を悼《いた》む曲をつくることで悲しみをのりこえたという。このエピソードは楽曲とともに多くの人に知られていて、授賞式《じゅしょうしき》で切々《せつせつ》と演奏《えんそう》するクラプトンのパフォーマンスは、会場に集まった人々《ひとびと》の胸《むね》にせまった。

突拍子《とっぴょうし》もないハプニングが起きたこともある。一九九八年、大物歌手のボブ・ディランが授賞式《じゅしょうしき》で演奏中《えんそうちゅう》、体に「SOY BOMB《ソイボム》（大豆爆弾《だいずばくだん》）」と書いた男が乱入《らんにゅう》し、ディランの横で奇妙《きみょう》なダンスをはじめた。男がなぜこのようなパフォーマンスをしたのか、厳重《げんじゅう》な警備《けいび》をどのようにしてかいくぐったのかは不明だが、係員にとりおさえられるまでの三十秒間、ステージで踊《おど》っていたのだ。そのあいだ、ディランはなにごともなかったように演奏《えんそう》をつづけた。ベテラン歌手の貫禄《かんろく》を見せつけた場面だった。

グラミー賞《しょう》　日本人の受賞者《じゅしょうしゃ》

年	受賞者《じゅしょうしゃ》	部門
1982	オノ・ヨーコ	最優秀《さいゆうしゅう》アルバム賞《しょう》
1987	石岡瑛子《いしおかえいこ》	ベスト・アルバム・パッケージ賞《しょう》
1989	坂本龍一《さかもとりゅういち》	ベスト・アルバム・オブ・オリジナル・インストゥルメンタル・バックグラウンド・スコア賞《しょう》
2001	オノ・ヨーコ	最優秀長編《さいゆうしゅうちょうへん》ミュージックビデオ賞《しょう》
	喜多郎《きたろう》	ベスト・ニュー・エイジ・アルバム賞《しょう》
2002	熊田好容《くまだよしやす》	ベスト・ポップ・インストゥルメンタル・アルバム賞《しょう》
2008	中村浩二《なかむらこうじ》	ベスト・ニュー・エイジ・アルバム賞《しょう》
	小池正樹《こいけまさき》	最優秀《さいゆうしゅう》ボックスまたはスペシャル・リミテッド・エディション・パッケージ賞《しょう》
2010	由良政典《ゆらまさのり》	最優秀《さいゆうしゅう》ラージ・ジャズ・アンサンブル・アルバム賞《しょう》
2011	松本孝弘《まつもとたかひろ》	ベスト・ポップ・インストゥルメンタル・アルバム賞《しょう》
	加藤明《かとうあきら》	最優秀《さいゆうしゅう》ニューエイジ・アルバム賞《しょう》
	上原《うえはら》ひろみ	ベスト・コンテンポラリー・ジャズ・アルバム賞《しょう》
	内田光子《うちだみつこ》	ベスト・インストゥルメンタル・ソリスト・パフォーマンス賞《しょう》
2014	八木禎治《やぎさだはる》	ベスト・ラテン・ポップ・アルバム賞《しょう》
2016	小澤征爾《おざわせいじ》	クラシック部門 ベスト・オペラ・レコーディング賞《しょう》
2017	内田光子《うちだみつこ》	最優秀《さいゆうしゅう》クラシック・ボーカル・アルバム（ソロ）賞《しょう》
2019	ヒロ・ムライ	最優秀短編《さいゆうしゅうたんぺん》ミュージック・ビデオ賞《しょう》
2020	徳永慶子《とくながけいこ》	最優秀《さいゆうしゅう》室内楽パフォーマンス賞《しょう》
	小池正樹《こいけまさき》	最優秀《さいゆうしゅう》ボックスまたはスペシャル・リミテッド・エディション・パッケージ賞《しょう》
	高山浩也《たかやまひろや》、小坂剛正《こさかたけまさ》	最優秀《さいゆうしゅう》オルタナティヴ・ミュージック・アルバム賞《しょう》
2022	Akihiro Nishimura	最優秀《さいゆうしゅう》ジャズ・インストゥルメンタル・アルバム賞《しょう》
2023	宅見将典《たくみまさのり》	最優秀《さいゆうしゅう》グローバル・ミュージック・アルバム賞《しょう》
2025	エル・マツモト	最優秀《さいゆうしゅう》ニューエイジ、アンビエント、チャント・アルバム賞《しょう》

エミー賞《しょう》

変貌《へんぼう》するテレビ界を象徴《しょうちょう》する栄誉《えいよ》

PRIZE

二〇二四年九月、日本を舞台《ぶたい》にした時代劇《じだいげき》『SHOGUN 将軍《しょうぐん》』のニュースがさかんに報道《ほうどう》された。アメリカのテレビ界でもっとも権威《けんい》あるエミー賞《しょう》のドラマシリーズ部門で、監督賞《かんとくしょう》、主演男優賞《しゅえんだんゆうしょう》、主演女優賞《しゅえんじょゆうしょう》など、史上《しじょう》最多となる十八部門を受賞《じゅしょう》するという快挙《かいきょ》をなしとげたからだ。

「エミー賞《しょう》」は、一般《いっぱん》には夜の時間帯に放映《ほうえい》されるテレビ番組を対象《たいしょう》としたプライムタイム・エミー賞《しょう》のことを指す。映画《えいが》の「アカデミー

エミー賞《しょう》のトロフィー。

『ビッグ・リトル・ライズ』は2017年のプライムタイム・エミー賞《しょう》を受《じゅ》賞《しょう》した。左から３人めが主演女優賞《しゅえんじょゆうしょう》にかがやいたニコール・キッドマン。

賞《しょう》」、音楽の「グラミー賞《しょう》」などとならんで、アメリカを代表する文化賞《ぶんかしょう》のひとつだ。主催《しゅさい》はアメリカのテレビ業界の団体《だんたい》ATAS（テレビ芸術《げいじゅつ》科学アカデミー）とその関連団体《だんたい》で、毎年一回、受賞者《じゅしょうしゃ》が発表される。最初の授賞式《じゅしょうしき》は一九四九年一月におこなわれた。

　エミー賞《しょう》のトロフィーは、翼《つばさ》のある女性《じょせい》が原子の模型《もけい》をかかげているデザインだ。翼《つばさ》のある女性《じょせい》は芸術《げいじゅつ》の女神、原子は科学をあらわしている。エミーとは女性《じょせい》の名前のようだが、じつはちがう。テレビカメラの撮像管《さつぞうかん》のことを、テレビ業界だけで通用する言葉で「イミー」とよぶ。それをフランス語風にして、さらにトロフィーにあわせて女性《じょせい》の名前のようにしたのが由来だ。

エミー賞《しょう》は創設《そうせつ》から八十年近い歴史《れきし》がある。そのあいだに、さまざまな話題作が受《じゅ》賞《しょう》してきた。そのひとつに、エミー賞《しょう》の記録を数多く打ち立てたテレビドラマ『ザ・ホワイトハウス』がある。アメリカの大統領官邸《だいとうりょうかんてい》であるホワイトハウスを舞台《ぶたい》に、大《だい》統領《とうりょう》とその側近たちが国内外で起こるさまざまな問題に取り組む政治《せいじ》ドラマだ。リアルな政治《せいじ》の世界や、登場人物たちの心理描写《しんりびょうしゃ》がていねいにえがかれ、たいへんな人気作となった。アメリカの放送局NBCで一九九九年から二〇〇六年にかけて、シーズン7まで放送された。エミー賞史上《しょうしじょう》に残る快挙《かいきょ》として、なんと四年連続でドラマ・シリーズ部門作品賞《さくひんしょう》を受賞《じゅしょう》した。また、全シーズンをとおして二十六の賞《しょう》を受賞《じゅしょう》し、最初のシーズンだけでも二〇〇〇年のエミー賞《しょう》の九部門受賞《じゅしょう》をはたした。

それから十五年後、さらなる偉業《いぎょう》をなしとげた作品があらわれた。それが『ゲーム・オブ・スローンズ』というファンタジー作品だ。アメリカの有料ケーブルテレビ放送局HBOで、二〇一一年から二〇一九年にかけて放送された。魔法《まほう》やドラゴンが

2019年のエミー賞《しょう》を受賞《じゅしょう》した『ゲーム・オブ・スローンズ』の出演者《しゅつえんしゃ》たち。

登場する壮大《そうだい》なファンタジーの世界を緻密《ちみつ》につくりあげ、思いもよらない物語の展開《てんかい》で人々《ひとびと》を魅了《みりょう》した作品だ。

二〇一五年の第六十七回エミー賞《しょう》で、この作品は作品賞《さくひんしょう》、助演男優賞《じょえんだんゆうしょう》、監督賞《かんとくしょう》、脚本賞《きゃくほんしょう》など十二部門を受賞《じゅしょう》。『ザ・ホワイトハウス』の記録を塗《ぬ》りかえた。また、二〇一五年から作品賞《さくひんしょう》を四度受賞《じゅしょう》し、全シーズンをとおして五十九もの賞《しょう》を獲得《かくとく》した。

こうした驚異的《きょういてき》な記録をやぶったのが『SHOGUN 将軍《しょうぐん》』である。舞台《ぶたい》は日本の戦国《せんごく》時代。徳川家康《とくがわいえやす》をモデルにした大名《だいみょう》「吉井虎永《よしいとらなが》」（真田広之《さなだひろゆき》）を中心に、日本に漂着《ひょうちゃく》し、虎《とら》

2024年2月『SHOGUN 将軍《しょうぐん》』のプレミアに出席した俳優《はいゆう》たち。右から浅野忠信《あさのただのぶ》、真田広之《さなだひろゆき》、アンナ・サワイ、コズモ・ジャーヴィス。

永《なが》に召《め》しかかえられるイギリス人「按針《あんじん》」（コズモ・ジャーヴィス）、英語を話すキリシタン女性《じょせい》「鞠子《まりこ》」（アンナ・サワイ）といった登場人物たちが歴史《れきし》を動かしていくさまをえがいた作品だ。合戦《かっせん》シーンなどの壮大《そうだい》な映像美《えいぞうび》も話題となった。

なによりも、物語のおもしろさが人の心をつかんだ。戦闘《せんとう》シーンのような見せ場がある一方で、登場人物たちの心理的なかけひきが物語を動かしている。毎回、どのような展開《てんかい》になるのか予想もつかず、次の回を早く見たいと気持ちをかき立てる。また、物語をとおして、人はなんのために戦うのか、どう生きるのかといった哲学的《てつがくてき》な問いが投げかけられる深い作品となっている。

この作品は、さまざまな点で異例《いれい》である。まず、アメリカでつくられたドラマでありながら、会話の約七割《わり》が日本語で、英語の字幕《じまく》がつけられている。通常《つうじょう》のアメリカ映画《えいが》では、外国を題材にした作品でも、登場人物は英語を話すのが通例であった。また、この作品では、日本人の役はすべて日本人が演《えん》じている。これまでの映画《えいが》では英語を話せることが優先《ゆうせん》され、アジア系《けい》の俳優《はいゆう》が日本人役を演《えん》じることがめずらしくなかった。さらに、この作品では、舞台美術《ぶたいびじゅつ》や衣装《いしょう》も正確《せいかく》な時代考証《こうしょう》によってつくられた。従来《じゅうらい》の日本を題材にした作品は西洋人から見た日本らしさの描写《びょうしゃ》が多く、日本人としては、どこか架空《かくう》の国の話を見ているようだった。さまざまな点で『SHOGUN 将軍《しょうぐん》』は、日本人が見ても違和感《いわかん》がない。

この作品では、主演《しゅえん》の真田広之《さなだひろゆき》がプロデューサーもつとめている。真田《さなだ》は「日本の文化を正しく世界に紹介《しょうかい》したい」という思いで、俳優《はいゆう》はもとより、スタッフにも時代《じだい》劇《げき》の経験《けいけん》が豊富《ほうふ》な日本人を起用した。真田《さなだ》自身、だれよりも早く撮影現場《さつえいげんば》に入り、と

『SHOGUN 将軍《しょうぐん》』が受賞《じゅしょう》した18の賞《しょう》

ドラマ・シリーズ部門 作品賞《さくひんしょう》

ドラマ・シリーズ部門 監督賞《かんとくしょう》（フレデリック・E・O・トーイ）

ドラマ・シリーズ部門 主演男優賞《しゅえんだんゆうしょう》（真田広之《さなだひろゆき》）

ドラマ・シリーズ部門 主演女優賞《しゅえんじょゆうしょう》（アンナ・サワイ）

ドラマ・シリーズ部門 ゲスト男優賞《だんゆうしょう》（ネスター・カーボネル）

ドラマ・シリーズ部門 キャスティング賞《しょう》

ドラマ・シリーズ部門 編集賞《へんしゅうしょう》

コメディ／ドラマ・シリーズ部門 音響編集賞《おんきょうへんしゅうしょう》

コメディ／ドラマ・シリーズ部門 音響賞《おんきょうしょう》

シングルカメラシリーズ部門 撮影賞《さつえいしょう》

歴史劇《れきしげき》部門 衣装《いしょう》デザイン賞《しょう》

歴史劇《れきしげき》&ファンタジー部門 メイクアップ賞《しょう》

プロステティック メイクアップ賞《しょう》

歴史劇《れきしげき》&ファンタジー部門 ヘアースタイリング賞《しょう》

スタント・パフォーマンス賞《しょう》

歴史劇《れきしげき》&ファンタジー部門 プロダクション・デザイン賞《しょう》

シーズン／テレビ映画《えいが》 視覚効果賞《しかくこうかしょう》

メインタイトルデザイン賞《しょう》

きには重い衣装《いしょう》を着けたまま俳優《はいゆう》の所作《しょさ》や衣装《いしょう》、小道具などを入念にチェックしたという。こうした取り組みの結果、外国人の目から見た風変わりな国・日本ではなく、本物の日本を伝えることができたのだ。

いくら作品の質《しつ》が高くても、エミー賞《しょう》の受賞《じゅしょう》には視聴者《しちょうしゃ》の支持《しじ》が欠かせない。インターネットで配信された『SHOGUN 将軍《しょうぐん》』は、最初の六日間に全世界で九百万の視聴数《しちょうすう》を獲得《かくとく》するヒット作となった。

この作品が高評価《こうひょうか》を得《え》た理由には世の中の変化もある。ひとつは、どこの国や地域《ちいき》でも、さまざまな国籍《こくせき》の人が入りまじってくらすようになったこと。学校や職場《しょくば》で外国人がめずらしくなくなったことで、外国を舞台《ぶたい》にした作品も受け入れやすくなっている。また、とくに近年、韓国映画《かんこくえいが》などの東アジア人が登場するエンターテインメント作品が話題を集めるようになってきたこともあげられる。おもしろければ、どこの国の作品でも受け入れられる多様性《たようせい》が世界中に広がっている。

また、この作品はディズニー傘下《さんか》の会社で製作《せいさく》され、世界各国で配信された。ディズニーは、全十話からなるこの作品に二・五億ドル（一ドル百五十円で計算して三百七十五億円）もの製作費《せいさくひ》をかけたという。一話分だけでも三十七億円で、これは大作映画並《えいがな》みの製作費《せいさくひ》だった。

インターネット配信は、視聴者《しちょうしゃ》の配信料で成り立っている。おもしろい作品を多くつくれば、それだけ視聴者《しちょうしゃ》が世界中にふえる。それによって、さらに製作費《せいさくひ》もかけられるようになる。ディズニーの動画配信の会員は、世界に一億五千万人といわれる。膨大《ぼうだい》な配信料の収入《しゅうにゅう》が入ることも、『SHOGUN 将軍《しょうぐん》』のように力のこもったドラマがうまれやすくなった理由のひとつだ。

かつて、エミー賞《しょう》は、受賞《じゅしょう》するのは白人ばかりだと批判《ひはん》されることもあった。しかし、現在《げんざい》は、世界的に異文化《いぶんか》を受け入れる多様性《たようせい》が進み、同じ作品を全世界の人が同時に視聴《しちょう》するようになった。さまざまな国を舞台《ぶたい》にした作品がヒットする動きは、これからも進むにちがいない。

ピューリッツァー賞《しょう》

報《ほう》道《どう》・文化のすぐれた仕事をたたえる

たった一枚《まい》の写真が世界を動かすこともある。「ピューリッツァー賞《しょう》」はそんな事実を突《つ》きつける。一九一七年に創設《そうせつ》されたこの賞《しょう》は、アメリカ合衆国《がっしゅうこく》における新聞、雑誌《ざっし》、オンライン上の報道《ほうどう》、文学、演劇《えんげき》、音楽ですぐれた仕事をした人に授与《じゅよ》される。多くの部門で作者がアメリカ人であることが求められるが、報道《ほうどう》部門はアメリカの新聞などに掲載《けいさい》されることが条件《じょうけん》なので、外国人も受賞《じゅしょう》している。

日本人の受賞者《じゅしょうしゃ》は二〇二四年までに三人。いずれも写真部門だ。一九六一年に受賞《じゅしょう》した長尾靖《ながおやすし》は、日本社会党《しゃかいとう》の党首《とうしゅ》であった浅沼稲次郎《あさぬまいねじろう》が、演説会《えんぜつかい》で十七歳《さい》の少年に刺《さ》し殺《ころ》された瞬間《しゅんかん》をカメラにおさめた。一九六六年の受賞者《じゅしょうしゃ》は沢田教一《さわだきょういち》。ベトナム戦争で銃弾《じゅうだん》が飛びかうなか、必死に川をわたって避難《ひなん》する母子の姿《すがた》をとらえた。受賞《じゅしょう》から四年後、沢田《さわだ》は内戦中のカンボジアで命を落としている。三十四歳《さい》だった。三人めは酒井淑夫《さかいとしお》で、一九六八年に「よりよきころの夢《ゆめ》」という作品で受賞《じゅしょう》している。ベトナム戦争の戦闘《せんとう》の合間に、雨の中で疲《つか》れはてて眠《ねむ》りこむ兵士《へいし》の姿《すがた》を撮影《さつえい》した作品だ。戦争のやりきれなさを伝えているとして、高い評価《ひょうか》を得《え》た。

ピューリッツァー賞《しょう》の創設者《そうせつしゃ》、ジョーゼフ・ピューリッツァー。

ピューリッツァー賞《しょう》の創設者《そうせつしゃ》はジョーゼフ・ピューリッツァーというハンガリー系《けい》アメリカ人だ。十七歳《さい》でアメリカに移住《いじゅう》し、二十一歳《さい》から報道《ほうどう》の仕事をはじめた。三十六歳《さい》のときに「ニューヨーク・ワールド」という新聞を買収《ばいしゅう》し、紙面を思いきって変えたことで発行部数を劇的《げきてき》にのばしている。彼《かれ》の願いは記者の資質《ししつ》を高めることであった。自分の死後、母校であるコロンビア大学にジャーナリズム学部を創設《そうせつ》するための寄付《きふ》をする遺言《ゆいごん》を残した。その中にピューリッツァー賞《しょう》の創設《そうせつ》という条項《じょうこう》があったのだ。

賞《しょう》の部門は当初は九つだったが、しだいにふえて、二〇二四年現在《げんざい》で二十三部門ある。ジャーナリストやカメラマン、文学者といったプロフェッショナルがめざす権威《けんい》ある賞《しょう》であり、そうした賞《しょう》の重みが悲劇《ひげき》につながったと思われる例もある。一九九四年に受賞《じゅしょう》した「ハゲワシと少女」という写真は、内戦下のスーダンで撮影《さつえい》された。飢《き》餓《が》に苦しむ人たちが食料配給所をめざすなかに、一人のやせおとろえた幼女《ようじょ》がいた。衰弱《すいじゃく》しきった体で道にうずくまり、弱々《よわよわ》しく泣いている後ろ姿《すがた》を、獲物《えもの》をねらうようにハゲワシが見つめている。撮影者《さつえいしゃ》は南アフリカの報道《ほうどう》写真家のケビン・カーター。この写真が世に出た直後から、なぜ写真を撮《と》る前に少女を助けなかったのかと非難《ひなん》が続出した。それが引き金になったのか、以前からうつ状態《じょうたい》になやんでいたカーターは、授賞式《じゅしょうしき》から二か月後にみずから命を絶《た》ってしまった。

インターネットやSNSが普及《ふきゅう》してからは、受賞者《じゅしょうしゃ》や作品の傾向《けいこう》に変化があらわれている。たとえば、二〇二一年に特別賞《とくべつしょう》を受賞《じゅしょう》したダーネラ・フレイジャーは十八歳《さい》の女子高校生だ。買い物に立ちよったコンビニエンスストアの前で、黒人男性《だんせい》が警官《けいかん》に暴行《ぼうこう》されているようすを目撃《もくげき》。亡《な》くなるまでの一部始終を、持っていたスマートフォンで動画におさめた。その黒人男性《だんせい》の名はジョージ・フロイド。フレイジャーの撮影《さつえい》した動画は世界中に広まり、黒人の人権《じんけん》運動「ブラック・ライブズ・マター」が発生するきっかけとなった。彼女《かのじょ》は受賞後《じゅしょうご》、「事件《じけん》を記録したことは、わたしの人生を変えるようなトラウマになったが、自分を誇《ほこ》りに思う」と語っている。

　報道《ほうどう》や文学の受賞者《じゅしょうしゃ》が注目されることの多いピューリッツァー賞《しょう》に、音楽部門があるのは意外に思うかもしれない。この部門ができたのは一九四三年。それ以降《いこう》、ずっとクラ

「ハゲワシと少女」でピューリッツァー賞《しょう》特集写真部門を受賞《じゅしょう》したケビン・カーター。

2018年にピューリッツァー賞《しょう》音楽部門を受賞《じゅしょう》したケンドリック・ラマー。
2025年にはグラミー賞《しょう》の最優秀《さいゆうしゅう》レコード賞《しょう》など、5部門を受賞《じゅしょう》した。

シックやジャズの音楽家が賞《しょう》を独占《どくせん》してきたが、二〇一八年にはじめてヒップホップミュージシャンのケンドリック・ラマーが受賞《じゅしょう》した。受《じゅ》賞《しょう》作品は『DAMN』というアルバム。「ブラック・ライブズ・マター」を題材にするなど、社《しゃ》会性《かいせい》の強いテーマを音楽性《おんがくせい》の高い作品に仕上げている。審査員《しんさいん》は授賞《じゅしょう》理由について、「現代《げんだい》を生きるアフリカ系《けい》アメリカ人の人生の複雑《ふくざつ》さをとらえた作品」と語っている。

ピューリッツァー賞《しょう》は、その年に発表された全作品のなかから審査《しんさ》機関が選ぶのではなく、みずから応募《おうぼ》した作品だけが審査対象《しんさたいしょう》になる。「ジャーナリストの資質《ししつ》を高める」というジョーゼフ・ピューリッツァーの悲願からはじまっただけあって、現在《げんざい》ではジャーナリストにとって、もっとも栄誉《えいよ》ある賞《しょう》といえる。

今も世界では直視《ちょくし》するのもつらい悲惨《ひさん》なできごとが起きている。そのかげでは戦場の実情《じつじょう》を伝える写真家や、政治家《せいじか》の腐敗《ふはい》を追及《ついきゅう》する記者たちが、文字どおり命がけで取材にのぞんでいる。こういった人たちが報道《ほうどう》し、広く世界に伝えることで、人々《ひとびと》の心は大きく動く。ピューリッツァー賞《しょう》はアメリカの賞《しょう》にとどまらず、世界中の人に現《げん》実《じつ》を見すえる勇気をあたえている。

ギネス世界記録

あらゆる世界ナンバー1《ワン》を認定《にんてい》

一九五五年の創刊《そうかん》から二〇二三年までに、百を超《こ》える国で一億五千三百万冊《さつ》以上を売り上げ、その年だけでも百八十万冊《さつ》以上売れたベストセラーがある。それが、ギネスワールドレコーズが発行する『ギネス世界記録』。世界中から申請《しんせい》された「世界ナンバー1《ワン》」の記録を集めた本だ。二〇二五年一月の時点で、登録されている記録は約六万六千もあり、その記録の多くが日々《ひび》更新《こうしん》されている。

この本は、もともとはイギリスのビール会社のギネスが発行していた。一九五〇年代のはじめ、ギネスの最高経営責任者《さいこうけいえいせきにんしゃ》だったヒュー・ビーバー卿《きょう》が、狩猟《しゅりょう》に出かけた帰りにパブ（居酒屋《いざかや》）に立ちよった。そこで話していたところ、「ヨーロッパでもっとも速く飛べる鳥は何か」ということが話題になった。しかし、これには結論《けつろん》が出せず、さまざまな本を探《さが》してもこたえがわからなかった。そこでビーバー卿《きょう》は、「一番を集めた本」をつくれば会社の宣伝《せんでん》になるのではないかと考え、調査《ちょうさ》の仕事をしていたノリスとロス・マクワーター兄弟に調査《ちょうさ》を依頼《いらい》した。この調査《ちょうさ》結果をまとめた本が『ギネス世界記録』（当初は『ギネスブック』という名前だった）としてベストセラーになったのである。

『ギネス世界記録』には、おもしろい記録が盛《も》りだくさんだ。もっともひげの長い人やもっとも体重が重い人といった身体の特徴《とくちょう》や、水中でもっとも長く息をとめていた人やハンバーガー関連の商品をもっとも多く集めた人など、たゆまぬ努力によってなしとげた記録や、めずらしいコレクションの記録、もっとも長いヘビやもっとも大きなネコといった動物の記録もある。こうした記録は本

世界一高層《こうそう》のホテルとして、2018年に認定《にんてい》されたドバイ（アラブ首長国連邦《れんぽう》）のゲボラホテルの認定証《にんていしょう》。

2016年、ピザ職人《しょくにん》がナポリ（イタリア）に集まって約1850mの長いマルゲリータピザを焼き、世界最長としてギネス世界記録に認定《にんてい》された。

だけでなく、ギネスワールドレコーズの公式サイトや動画サイトでも見ることができる。

ギネス記録のなかで人気が高いのが動物のジャンルだ。大きさや長生きの記録もたくさんあるが、信じられないような特技《とくぎ》にも驚《おどろ》かされる。ペルーのイングリッシュブルドッグのオットーが、二〇一五年に記録を打ち立てたのはスケートボードでの股《また》くぐり。子犬のころからスケートボードに乗っていたオットーは、ある日、飼《か》い主《ぬし》にむかって突進《とっしん》していった。とっさに広げた足のあいだを、スイスイとくぐっていった姿《すがた》を見て、飼《か》い主《ぬし》はギネス記録に挑戦《ちょうせん》することを思いついたという。記録を打ち立てた日、オットーは、足を広げて立つ三十人の股《また》のあいだを颯爽《さっそう》とかけぬけていった。バランスのとり方、スピードをあげるために前あしで地面をけるしぐさは、犬とは思えないほど。記録を樹立《じゅりつ》したオットーは一躍《いちやく》として有名犬となり、チャリティーのイベントなどに招待《しょうたい》されるようになったそうだ。

保有《ほゆう》するギネス世界記録の数で記録を持つ人もいる。アメリカのアシュリタ・ファーマンという人物だ。二〇二四年までに六百の記録を達成し、持っている記録の数は二百以上だという。百以上の記録を持っているのは世界で彼《かれ》一人だけらしい。彼《かれ》は、「記録に挑戦《ちょうせん》することは、わたしの精神的《せいしんてき》な成長の重要な一部となりました。ギネス世界記録の本をすみからすみまで読みこんで、やりがいがあっておもしろいものを探《さが》します」と語っている。彼《かれ》が最初に記録を達成したのは一九八〇年。両手両足を交互《こうご》に開閉《かいへい》してとぶジャンピング・ジャックの連続記録だった。それを皮切りに、自転車をあごに乗せながらトレッキングをしたり、ポゴ・スティック（バネの力で跳躍《ちょうやく》する棒状《ぼうじょう》の乗り物）で速く走ったり、舌《した》でたくさんのバーナーの火を消したりしたほ

台湾《たいわん》の「ハイヒール教会」とよばれるオブジェ。2016年、世界最大のハイヒール型建築物《がたけんちくぶつ》としてギネス世界記録に認定《にんてい》された。

か、牛乳《ぎゅうにゅう》ビンを頭にのせて自転車に乗るなどの記録を打ち立ててきた。圧巻《あっかん》は「バースデーケーキにのったロウソクの数」だ。恩師《おんし》の誕生祝《たんじょういわ》いに仲間の協力を得《え》て、七万二千五百八十五本のロウソクをケーキに立てた。火が燃《も》えさかるようすは、バースデーケーキというよりはキャンプファイヤーのようだろう。

努力して世界一になるには、年齢《ねんれい》は関係ない。二〇一七年、静岡県富士市《しずおかけんふじし》のなわとびチームの小学生十二人が、長縄《ながなわ》とびを一分間に二百三十回もとんで、ギネス世界記録を樹立《じゅりつ》した。高速でまわる縄にかけ声をかけながらつぎつぎにとびこんでいくようすは、まるで早まわし映像《えいぞう》を見ているようだ。練習をかさねて、息のあったチームワークでこそ達成できる快挙《かいきょ》だった。

ギネス世界記録は、わたしたちが知らないめずらしい世界を見せてくれる。それとともに猛練習《もうれんしゅう》をかさね、普通《ふつう》の人がなしとげられないことを達成した記録は多くの人を感動させる。わすれてほしくないのは、だれにでも世界記録を達成しうる可能性《かのうせい》があることだ。

なわとびチーム「E-Jump Fuji《イージャンプ フジ》」(静岡県富士市《しずおかけんふじし》)。2人のまわし手が単一ロープをまわし、12人のとび手の選手が1分間に何回とべるかという種目(長縄《ながなわ》8の字とび)でギネス世界記録に認定《にんてい》された。

ギネス世界記録を証明《しょうめい》する公式認定証《にんていしょう》を手に笑顔を見せるE-Jump Fuji《イージャンプ フジ》のメンバーのみなさん。後列中央は監督《かんとく》の西沢尚之《にしざわなおゆき》さん。

クープ・デュ・モンド・ドゥ・ラ・パティスリー
世界最高峰《さいこうほう》のパティシエが技《わざ》を競う

フランス語では、男性《だんせい》の菓子職人《かししょくにん》を「パティシエ」という。

小学生に人気の職業《しょくぎょう》を調べると、「パティシエ」がつねに上位に入っている。パティシエとは、菓子職人《かししょくにん》という意味のフランス語だ。フランスでは、パティシエは国家資格《しかく》が必要な職業《しょくぎょう》であり、社会的地位も高い。長年にわたって活躍《かつやく》した人のなかには、国から勲章《くんしょう》をもらう人がいるほどだ。この職業《しょくぎょう》の歴史《れきし》は古く、六百年前の身分規定《きてい》に「パティシエ」という職業《しょくぎょう》がのっている。ちなみに、フランス語では、ものの名

フランス語では、女性《じょせい》の菓子職人《かししょくにん》を「パティシエール」という。

前に男性形《だんせいけい》と女性形《じょせいけい》があり、パティシエは男性《だんせい》で、女性《じょせい》の場合は「パティシエール」という。日本では、男性《だんせい》も女性《じょせい》もパティシエとよぶのが一般的《いっぱんてき》なので、ここでは日本式に、男性《だんせい》も女性《じょせい》もふくめてパティシエとよぶ。

フランス菓子《がし》と聞くと、マドレーヌやミルフィーユのように甘《あま》くて濃厚《のうこう》な味をイメージする人が多いだろう。フランスでは料理に砂糖《さとう》を使わないので、そのぶん、デザートやお菓子《かし》などがしっかりと甘《あま》い味つけになっている。フランス菓子《がし》の種類はとても豊富《ほうふ》だ。これは、イタリアやオーストリアなど、他国からフランスにとついできた妃《きさき》が、料理人やパティシエを同行させたことで、他国のお菓子《かし》のおいしさがフランス国内に広がったからだという。そして、アレンジがくわえられ、フランス菓子《がし》として定着していったのだ。また、フランス菓子《がし》はキリスト教の修道院《しゅうどういん》や教会でも発達した。中世の修道院《しゅうどういん》や教会は各地域《かくちいき》で大きな権力《けんりょく》を持ち、小麦やはちみつ、卵《たまご》、バター、チーズといった菓子《かし》づくりに適《てき》した食材を農民におさめさせ、十分にたくわえていたからだ。

フランス菓子《がし》の魅力《みりょく》は味だけではない。パティシエは見た目の美しさにも力を注ぐ。焼きたての菓子《かし》につやをあたえるためにシロップを塗《ぬ》ったり、チョコレートを練《ね》る際《さい》にもかがやきを重視《じゅうし》したりするなど、芸術《げいじゅつ》作品のような菓子《かし》をつくるのがパティシエの誇《ほこ》りでもある。

そんな菓子《かし》の世界で二年に一度、最高峰《さいこうほう》のパティシエが腕《うで》を競うパティスリー（お菓子《かし》をつくる技術《ぎじゅつ》）のコンクールが「クープ・デュ・モンド・ドゥ・ラ・パティスリー」だ。はじまりは一九八九年、フランスを代表する菓子職人《かししょくにん》のガブリエル・パイアソンとチョコレートメーカーのヴァローナによって創設《そうせつ》された。競技内容《きょうぎないよう》（二〇二三年大会）は、あめ細工《ざいく》、チョコレート細工《ざいく》、氷彫刻《こおりちょうこく》、シェアデザート（チョコレートケーキ）、レストランデザート（チョコレートを使った皿盛《さらも》りデザート）、フローズンデザート（氷菓《ひょうか》）、フローズンロリポップ（ひと口大の氷菓《ひょうか》）だ。コンクールでは、各国三人のパティシエがひとつのチームとなってすべての競技《きょうぎ》に挑《いど》む。

あめ細工《ざいく》、チョコレート細工《ざいく》、氷彫刻《こおりちょうこく》は、視覚《しかく》部門として、盛《も》りこまれた技術《ぎじゅつ》や見た目の美しさで評価《ひょうか》される。採点《さいてん》の点数配分のうち二五％にあたる。一方、シェアデザート、レストランデザート、フローズンデザート、フローズンロリポップは、味覚部門として採点《さいてん》の五〇％にあたる。

コンクール会場では、観客がかたずをのんで見守るなか、各国のチームが力をあわせて数々《かずかず》の作品をつくりあげていく。そのようすは熱気あふれるショーのようだ。

第一回のコンクールでは、オーストリア、ベルギー、カナダ、デンマーク、フランス、イタリア、メキシコ、オランダ、ポルトガル、スペイン、アメリカ、日本の十二か国が選出されて腕《うで》を競った。二〇二五年開催《かいさい》の大会では、五十か国以上で予選が実《じっ》施《し》され、予選を勝ちぬいた十八か国のパティシエたちが本選に出場した。

過去《かこ》の金賞受賞国《きんしょうじゅしょうこく》はフランスが圧倒的《あっとうてき》に多い。二〇二五年までの十九回の大会で、フランスが八回も受賞《じゅしょう》しているのだ。じつは、日本のパティシエも非常《ひじょう》にレベルが高く、四回受賞《じゅしょう》している。銀賞《ぎんしょう》は八回、銅賞《どうしょう》は一回だ。フランス菓子《がし》と日本の伝統的《でんとうてき》な菓子《かし》とのちがいは多いが、日本人の味覚のするどさと、手先の器用さがよく発揮《はっき》されているのだろう。

最近では、二〇二三年に日本代表チームが金賞《きんしょう》を受賞《じゅしょう》した。その年のテーマは「気候変動」だった。これを受けて、日本チームは「Renewable Energy《リニューアブル エナジー》（再生可能《さいせいかのう》エネルギー）」をテーマにかかげて作品をつくった。社会的な課題を味と美しさでどう表現《ひょうげん》するか、パティシエの腕《うで》がためされた。日本チームがあめ細工《ざいく》、チョコレート細《ざい》工《く》、氷彫刻《こおりちょうこく》で表現《ひょうげん》したのは自然保護《ほご》の象徴《しょうちょう》であるクジラだ。躍動《やくどう》するクジラを力強く、背景《はいけい》となる風や海流を繊細《せんさい》に表現《ひょうげん》している。採点《さいてん》の大きな割合《わりあい》を占《し》める四つの味覚部門のうち、日本チームは三つの部門で最高点を獲得《かくとく》した。

2025年の大会で金賞《きんしょう》にかがやいた日本代表チームのメンバー。左から籏雅《はたまさ》典《のり》選手、宮﨑龍《みやざきりゅう》選手、的場勇志《まとばゆうじ》選手、冨田大介《とみただいすけ》団長。© Noriko Matsumoto

二〇二五年の大会でも金賞《きんしょう》を受賞《じゅしょう》し、日本代表チームはみごとに二連覇《れんぱ》を達成している。この大会の総合《そうごう》テーマは「National Heritage《ナショナルヘリテイジ》（国家遺産《いさん》）」だった。日本チームは、「Land of the《ランドオブザ》 Rising Sun《ライジングサン》（日出《い》ずる国）」をテーマに、太鼓《たいこ》や歌舞伎《かぶき》、相撲《すもう》、鳥居《とりい》、錦鯉《にしきごい》、独楽《こま》などの日本文化を、あめ細工《ざいく》やチョコレート細工《ざいく》で表現《ひょうげん》して、日本の伝統《でんとう》を躍動感《やくどうかん》のある力強い作品に仕上げた。

また、二〇二五年から、これまでのシェアデザートが、ショー形式でパフォーマンスをおこないながら仕上げるチョコレートスイーツの試食審査《しんさ》「ショーショコラ」に変更《へんこう》になった。日

レストランデザート「雅《みやび》」

フローズンデザート「独楽《こま》」

ショーショコラ「祭」

2025年大会、日本代表チームのテーマ「日出《い》ずる国」の作品。
© Studio Julien Bouvier Coupe du Monde de la Pâtisserie 2025

本チームは、書道や忍術《にんじゅつ》といったパフォーマンスを取り入れ、会場をわかせた。

　日本チームの強みは、技術《ぎじゅつ》と表現力《ひょうげんりょく》に加えてチームワークのよさがあげられる。日本人は協《きょう》調性《ちょうせい》が高く、多くの人が一体となって物事に取り組むといわれている。そうした国民性《こくみんせい》も日本文化のひとつととらえ、太鼓《たいこ》や小道具をもちいた観客席の応援《おうえん》と一体感のある演出《えんしゅつ》を取り入れたことも受賞《じゅしょう》につながった。

クープ・デュ・モンド・ドゥ・ラ・パティスリー 過去《かこ》の受賞国《じゅしょうこく》

年	金	銀	銅《どう》
1989年	フランス	オランダ	オーストリア
1991年	日　本	フランス	カナダ
1993年	フランス	ベルギー	ルクセンブルク
1995年	ベルギー	日　本	アメリカ
1997年	イタリア	アメリカ	日　本
1999年	フランス	ベルギー	アメリカ
2001年	アメリカ	日　本	イタリア
2003年	フランス	日　本	ベルギー
2005年	フランス	オランダ	アメリカ
2007年	日　本	ベルギー	イタリア
2009年	フランス	イタリア	ベルギー
2011年	スペイン	イタリア	ベルギー
2013年	フランス	日　本	イタリア
2015年	イタリア	日　本	アメリカ
2017年	フランス	日　本	スイス
2019年	マレーシア	日　本	イタリア
2021年	イタリア	日　本	フランス
2023年	日　本	フランス	イタリア
2025年	日　本	フランス	マレーシア

ミシュランガイド

世界のおいしいレストランに星を！

「三つ星レストラン」という言葉は、とても高級なレストランの代名詞《だいめいし》のように使われている。この「三つ星」というのは、ミシュランというタイヤ会社が毎年発行している『ミシュランガイド』によるレストランの格付《かくづ》けだ。評価《ひょうか》は星一つから三つまであり、三つ星が最高だ。ホームページではおすすめのホテルも紹介《しょうかい》している。

星の数の意味をミシュランはつぎのように定義《ていぎ》している。一つ星は「近くにおとずれたら行く価値《かち》のあるすぐれた料理」、二つ星は「遠回りしてでもおとずれる価値《かち》のあるすばらしい料理」、三つ星は「そのために旅行する価値《かち》のある卓越《たくえつ》した料理」とのことだ。星のないレストランやホテルも掲載《けいさい》されているが、このガイドブックで紹《しょう》介《かい》されること自体が高い評価《ひょうか》を得《え》ているという証《あかし》になる。

はじまりは一九〇〇年のフランス。タイヤ会社のミシュランが自動車で旅行する人むけのガイドブックを配布《はいふ》するようになった。まだ自動車が広く普及《ふきゅう》する前のことで、その本にはタイヤの使い方や修理《しゅうり》方法、自動車修理《しゅうり》工場のリスト、ガソリンスタンド、ホテルなどの実用的な情報《じょうほう》が掲載《けいさい》されていた。このガイドブックの目的は、自動車の旅を楽しく安全なものにすることによって、自動車に乗りたい人をふやし、タイヤの売り上げをのばすことだった。当初は無料で配《はい》布《ふ》されていた。

　ところが、ある修理《しゅうり》工場をおとずれたミシュランの経営者《けいえいしゃ》たちは、かたむいた作業台をささえるためにミシュランのガイドブックが地面におかれているのを目にしたという。経営者《けいえいしゃ》たちは「人はお金を払《はら》って買ったものしか大事にしないのだ」と理解《りかい》し、一九二〇年からは有料販《はん》

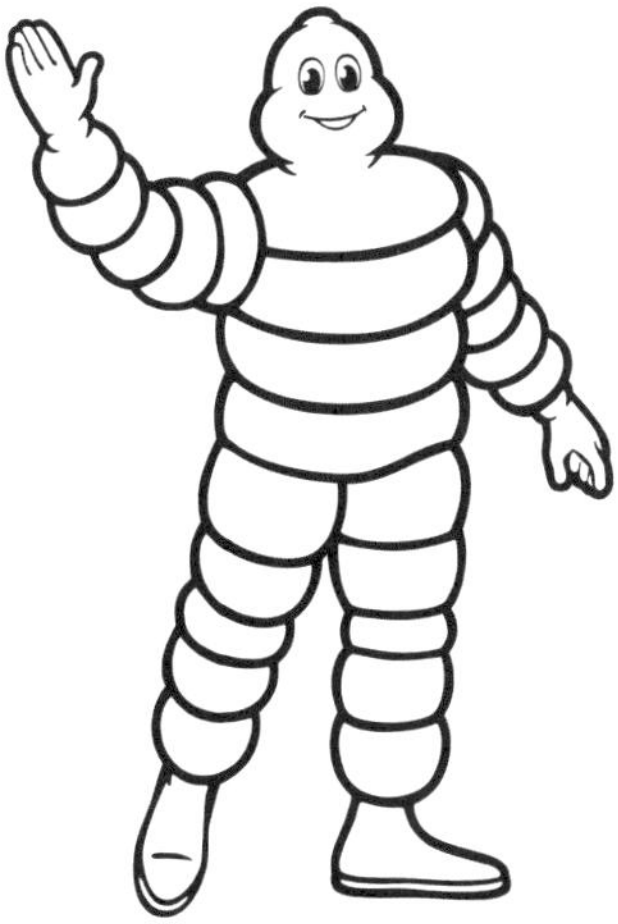

ミシュランのコーポレートキャラクターは、タイヤの体を持つ「ミシュランマン」。

売《ばい》がはじまった。

一九二六年には、おいしい料理を星の数で評価《ひょうか》する、こんにちのようなスタイルがはじまった。創刊時《そうかんじ》はフランス国内の情報《じょうほう》だけをとりあげていたが、一九〇四年にベルギー版《ばん》、一九一一年にイギリス版《ばん》など、ヨーロッパ各地のガイドブックができ、二〇〇五年にはアメリカのニューヨーク版《ばん》が発行された。日本版《にほんばん》としては二〇〇七年の東京版《ばん》『ミシュランガイド東京　２００８』が最初で、その後、京都・大阪版《ばん》も発行されている。二〇二五年一月現在《げんざい》では、世界の四十地域《ちいき》以上で発行され、約一万七千軒《けん》のレストラン、六千軒《けん》のホテルをとりあげている。

ミシュランのホームページによると、日本は世界でもっとも多くの星を獲得《かくとく》しているという。上の写真の東京版《ばん》では、三つ星十二軒《けん》、二つ星二十六軒《けん》、一つ星百三十二軒《けん》のレストランが選

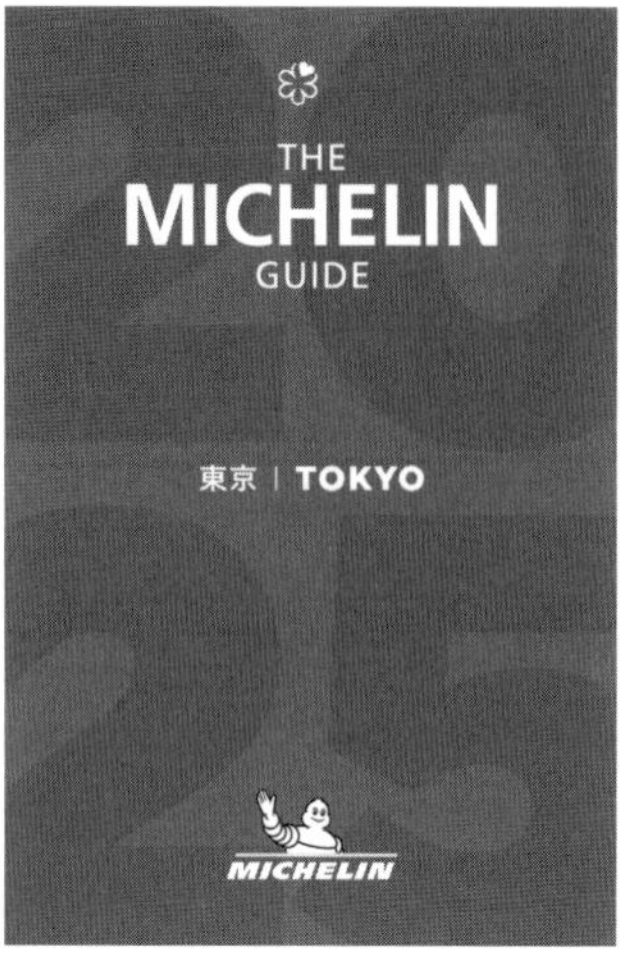

『ミシュランガイド東京 2025』の表紙。　©MICHELIN

世界各国のおいしい料理が食べられる日本は美食大国。

ばれている。このほかに、星はつかないが調査《ちょうさ》員《いん》がすすめる店や価格《かかく》以上の満足を得《え》られる店など、あわせて五百軒《けん》以上が掲載《けいさい》されている。こんなにたくさんのおいしい店があることも、外国人旅行者がこぞって日本をおとずれる理由でもあるだろう。

ミシュランガイドは世界的に有名で、掲載《けいさい》されることは非常《ひじょう》に名誉《めいよ》であり、売り上げも大きくちがってくる。しかも掲載《けいさい》は無料だ。掲載《けいさい》してもらいたいレストランやホテルは引きもきらないが、掲載《けいさい》されても安泰《あんたい》というわけではない。評価《ひょうか》は毎年見直されるからだ。そのため、掲載《けいさい》する店を選ぶことも、どのような評価《ひょうか》をあたえるかも、公正な調査《ちょうさ》が必要になる。

調査《ちょうさ》するレストランが提供《ていきょう》する料理はさまざまだ。フランス料理もあれば、寿司《すし》や中華《ちゅうか》料理もある。世界中のどこにある店でも、どんな料理を出す店でも、評価《ひょうか》方法はまったく同じで、同一の評価基準《ひょうかきじゅん》によっておこなわれる。こうした調査《ちょうさ》結果をもとに、その国のすべての調査員《ちょうさいん》と編集責任者《へんしゅうせきにんしゃ》、さらには世界のミシュランガイドをたばねる責任者《せきにんしゃ》が話しあって掲載店《けいさいてん》を決定する。読者の声も反映《はんえい》される。とくに、最高評価《ひょうか》である三つ星は慎重《しんちょう》に検討《けんとう》をかさねて決定している。

評価《ひょうか》はあくまでも料理に対しておこなわれる。店の雰囲気《ふんいき》やサービスの善《よ》し悪《あ》しは評価《ひょうか》の対象外《たいしょうがい》だ。星がつくレストランは高級店というイメージがあるが、ミシュランによると、カジュアルな雰囲気《ふんいき》の店も星を獲得《かくとく》しているという。

審査《しんさ》は、まず、ミシュランの社員である調査員《ちょうさいん》が候補《こうほ》の店をおとずれることからはじまる。このとき、身分はあかさず、一般《いっぱん》のお客さんのように食事をして料金を支払《しはら》う。調査員《ちょうさいん》が特別あつかいされないように、そして、一般客《いっぱんきゃく》と同じサービスを受けられるようにするためだ。また、いつでも同じ質《しつ》の料理が提供《ていきょう》されているか調べるため、一人ではなく複数《ふくすう》の調査員《ちょうさいん》が季節を変え、時間をずらして訪問《ほうもん》している。
日本版《にほんばん》を編集《へんしゅう》するときに、調査員《ちょうさいん》が見破《みやぶ》られたことがあったという。その理由は、フランス人のお客さんがめずらしかったこと。メモをとったり、電子辞書で食材を調べたりと、一般《いっぱん》のお客さんがとらない行動をしたこと。また、皿の裏《うら》をしげしげとながめたり、一般《いっぱん》の人とはちがう注文のしかたをしたりするなど、変わった行動をとったからだ。

ミシュランの星を獲得《かくとく》した店の入口には証明《しょうめい》となるプレートがかかげられる。写真は三つ星。

インターネットの普及《ふきゅう》により、ミシュランガイドのホームページでは掲載《けいさい》レストランの紹介《しょうかい》や読み物の閲覧《えつらん》、予約サービスなどをおこなうようになった。おいしい料理を食べることは人間にとって大きな楽しみだ。ミシュランガイドは時代が変わってもその要求にこたえつづけている。

ディッキンメダル

戦争で活躍《かつやく》した動物の栄誉《えいよ》をたたえる

「ディッキンメダル」は、戦争で活躍《かつやく》した動物に贈《おく》られる勲章《くんしょう》だ。一九四三年にマリア・ディッキンによってイギリスで創設《そうせつ》された。ディッキンは、動物たちのための慈《じ》善団体《ぜんだんたい》ＰＤＳＡ（People's《ピープルズ》 Dispensary《ディスペンサリー》 for《フォー》 Sick《シック》 Animals《アニマルズ》）の創設者《そうせつしゃ》である。傷《きず》ついた動物たちのために無料の病院をつくり、その活動はイギリス中に広まった。さらに海外にも波及《はきゅう》し、第二次世界大戦などの戦争で傷《きず》ついた動物を治療《ちりょう》する施設《しせつ》がつくられていった。

ディッキンは、イギリス軍やその同盟国《どうめいこく》の軍隊に所属《しょぞく》して戦地におもむいたことがある。その際《さい》に、多くの戦場で活躍《かつやく》した動物たちを見てきた。そうした動物たちをたたえるために制定《せいてい》したのがディッキンメダルである。この勲章《くんしょう》は動物のためだけのもので、人間には授与《じゅよ》されない点がユニークだ。

メダルは一九四三年から二〇二三年までのあいだに七十五回授与《じゅよ》された。受賞《じゅしょう》したのはハト三十二羽、犬三十八匹《ひき》、馬四頭、猫《ねこ》一匹《ぴき》である。

ハトと勲章《くんしょう》というとりあわせを不思議《ふしぎ》に思うかもしれない。ハトに授与《じゅよ》されたのは第二次世界大戦中の事例だ。そのころはハトが戦場に出ていたのだ。「伝書鳩《でんしょばと》」という言葉を聞いたことがあるだろうか。動物には帰巣本能《きそうほんのう》といって、遠くはなれたところからでも自分の巣に帰る能力《のうりょく》がある。昔は、ハトが持つこの帰巣本能《きそうほんのう》を利用し、遠くはなれた場所にメッセージを送る手段《しゅだん》としていた。

方向感覚にすぐれたハトを選び、品種改良して長距離《ちょうきょり》の飛行に耐《た》えるようにしたのが伝書鳩《でんしょばと》だ。とくに、第二次世界大戦が開戦した直後までは軍事用の通信にも多用されていた。インターネットがない時代、電話線も引けない戦場でメッセージを伝えるもっとも効果的《こうかてき》

ディッキンメダル

な方法がハトだったのだ。
ディッキンメダルを最初に授与《じゅよ》されたのは「ホワイト・ビジョン」という名前のハトだ。このハトは、一九四三年に航空隊《こうくうたい》が不時着した際《さい》に、伝書鳩《でんしょばと》として、その事実を本部に伝えた。それによって救出《きゅうしゅつ》に成功したことが功績《こうせき》として認《みと》められて受賞《じゅしょう》にいたった。

かつて通信手段《しゅだん》として活躍《かつやく》した伝書鳩《でんしょばと》は、現在《げんざい》ではレース鳩《ばと》として競技《きょうぎ》で活躍《かつやく》している。

また、第二次世界大戦の勝敗を決める転機となったノルマンディー作戦でも、ハトがひと役買っている。イギリス軍とアメリカ軍を主力とする連合国軍がフランスのノルマンディー海岸に上陸したとき、そのニュースを最初にイギリスに伝えたのが軍用の伝書鳩《でんしょばと》だった。このようにハトは戦場で活躍《かつやく》していたことから、三十二羽という多くのハトにディッキンメダルがあたえられたのだ。

メダルが授与《じゅよ》された動物のなかに猫《ねこ》が一匹《ぴき》いることにも疑問《ぎもん》を感じたかもしれない。マイペースな猫《ねこ》は犬や馬とちがい、戦場で役に立つとはとうてい思えないだろう。ところが、「サイモン」という名前の猫《ねこ》はちがった。イギリス海軍のアメジストという戦艦《せんかん》の水兵にひろわれたサイモンは、ネズミをとるのがとてもうまかった。一九四九年にアメジストが攻撃《こうげき》を受けたときは、自身も負傷《ふしょう》しながらも、船内のネズミを捕獲《ほかく》しつづけた。その姿《すがた》が船員たちを勇気づけたことが受賞《じゅしょう》理由になっている。このときに授与《じゅよ》されたディッキンメダルの複製《ふくせい》が、現在《げんざい》でもイギリス海軍の土産品《みやげひん》として売られ

ディッキンメダルを授与《じゅよ》されたイギリス軍用犬のクノ。戦闘《せんとう》によって大けがを負った。

日本各地の空港では、ジャーマンシェパードなどの麻薬探知犬《まやくたんちけん》が活躍《かつやく》している。

ているそうだ。

近年では、一匹《ぴき》のジャーマンシェパードの功《こう》績《せき》が多くの人々《ひとびと》に勇気や感動をあたえている。名前はルッカ。アメリカ海兵隊の元《もと》爆発物《ばくはつぶつ》探知《たんち》犬《けん》だ。ルッカは、二〇〇六年から中東のイラクやアフガニスタンで従軍《じゅうぐん》した。するどい嗅覚《きゅうかく》で爆発物《ばくはつぶつ》をかぎ分けて知らせる訓練を受け、約四百の任務《にんむ》に従事《じゅうじ》した。ルッカが命を救《すく》った兵士《へいし》の数は数千人にもおよぶという。ルッカは、そうした功績《こうせき》によってディッキンメダルを授与《じゅよ》されたのである。

ところが、二〇一二年三月、爆発物《ばくはつぶつ》を探《さが》していたルッカの近くで爆弾《ばくだん》が爆発《ばくはつ》。ルッカは首や胸《むね》、頭部に大やけどを負ってしまった。応急処置《おうきゅうしょち》と手術《しゅじゅつ》により一命をとりとめたものの、左の前あしを失うことになった。手術《しゅじゅつ》から十日後、三本あしでも元気に歩けるようになったが、これまでの任務《にんむ》は遂行《すいこう》できなくなった。その月の末に引退《いんたい》し、その後は、飼《か》い主《ぬし》であるクリストファー・ウィリンガム軍曹《ぐんそう》とともに、アメリカのカリフォルニア州でおだやかな日々《ひび》をすごしたという。

戦地でルッカの世話をしていたファン・ロドリゲス伍長《ごちょう》は「大きな爆発《ばくはつ》だったので、ルッカにとって最悪の結果になるかもしれないと思った」と当時をふりかえった。「ルッカは幾度《いくど》となくわたしの命を救《すく》った。そして、ルッカがわたしを必要とするとき、いつもわたしはルッカとともにいた」と話している。戦場では一心同体のように行動し、苦楽《くらく》をともにしながら修羅場《しゅらば》をくぐってきたとあかした。ルッカは三本あしを苦にせず、メダルを首からぶらさげた姿《すがた》で授与式《じゅよしき》に出席。いっしょに出席した制服《せいふく》姿《すがた》のウィリンガム軍曹《ぐんそう》と無邪気《むじゃき》に遊ぶルッカのようすを、欧米《おうべい》メディアはいっせいに紹介《しょうかい》した。優秀《ゆうしゅう》な軍用犬の姿《すがた》とその功績《こうせき》が世界をかけめぐった。

クラフツ 犬種を守る世界最大のドッグショー

人間と犬は遠い昔からのよきパートナー。

人間と犬とのつきあいは一万年以上といわれる。人間は、犬の祖先《そせん》であるオオカミを飼《か》いならし、犬として品種改良してきたのだ。最初は狩猟《しゅりょう》の相棒《あいぼう》として飼《か》いはじめたらしい。そのころ、人間は野生生物をとらえて食料としていた。嗅覚《きゅうかく》がするどく、人間よりも速く走ることができ、藪《やぶ》の中や水のあるところでも動きまわれる犬をつれて狩《か》りに出ると、獲物《えもの》がよくとれたにちがいない。犬にしてみれば、人間とくらすことでエサをもらえて、外敵《がいてき》から身を守れるというメリットがあっただろう。

その後、狩《か》りのスタイルに対応《たいおう》したり、農耕《のうこう》や牧畜《ぼくちく》に利用したりするため、さまざまに品種改良された犬が登場する。これらの多くは、現代《げんだい》の人気のある犬種の祖先《そせん》となった。たとえば、狩猟《しゅりょう》の際《さい》にイノシシやシカなどの獲物《えもの》に立ちむかう狩猟犬《しゅりょうけん》の子孫として、日本では紀州犬《きしゅうけん》や甲斐犬《かいけん》がいる。猟師《りょうし》が撃《う》ち落《お》とした獲物《えもの》をとってくる犬はレトリバーとなった。コリーやシェパードは、もともとは家畜《かちく》を誘導《ゆうどう》したり、守ったりする牧畜犬《ぼくちくけん》として品種改良された。雪国では、そりを引かせるためにシベリアンハスキーやアラスカンマラミュートといった犬種が改良された。さらには、かわいがることだけを目的とした愛玩犬《あいがんけん》が登場する。最古の愛玩犬《あいがんけん》といわれるマルチーズは、紀《き》元前《げんぜん》一五〇〇年ごろには地中海の船乗りのペットとして飼《か》われていたという。

このように、犬は目的や環境《かんきょう》に応《おう》じて姿《すがた》や能力《のうりょく》を変えてきた。二〇二四年現在《げんざい》、国《こく》際畜犬連盟《さいちくけんれんめい》（ＦＣＩ）が公認《こうにん》している犬種は三百五十九種もある。体重百キロを超《こ》えることもあるセントバーナードから、わずか一・五キロのチワワまで、生物学的には同じイヌ科の動物なのだ。

このように多様な犬種がうみだされるなかで、純粋《じゅんすい》犬種を守り、後世に伝えていくことが大事だという考えがうまれてきた。一八七三年、イギリスで純血種《じゅんけつしゅ》の犬の登録や管理などをおこなうザ・ケンネルクラブが設立《せつりつ》されたのだ。このクラブは、一八九一年から世界最大のドッグショー「クラフツ」を開催《かいさい》している。ドッグショーとは、犬の品評会《ひんぴょうかい》のことである。それぞれの犬種の理想にもっとも近い犬を評価《ひょうか》する目的でおこなわれる。クラフツという名は、このドッグショーを創設《そうせつ》した愛犬家のチャールズ・クラフトの名による。

チワワとセントバーナード。大きさがこれだけちがっても、動物の種としては同じイヌ（イエイヌ）。

毎年三月、クラフツが開催《かいさい》されるイギリスのバーミンガムのＮＥＣ（National Exhibition Centre《ナショナル エキシビション センター》）という会場に、世界各国から二万匹《びき》を超《こ》える犬が結集する。犬種は二百種におよぶ。クラフツは、四日間の会期中に、十万人以上の人がおとずれる大イベントだ。理想の犬種をどのように評価《ひょうか》するかというと、「犬種標準《ひょうじゅん》（スタンダード）」という文書が基準《きじゅん》になっている。この文書は、その犬種の姿《すがた》、能力《のうりょく》、性質《せいしつ》などを残すためにさだめたもので、優良《ゆうりょう》な犬を繁殖《はんしょく》させ、残していくうえでの重要な資料《しりょう》となっている。

ドッグショーでは、つぎの六点が審査《しんさ》のポイントになる。①タイプ（犬種ごとの特色）、②クオリティー（犬の質《しつ》の充実度《じゅうじつど》や洗練度《せんれんど》）、③サウンドネス（精神的《せいしんてき》・肉体的な健全性《けんぜんせい》）、④バランス（全体の調和）、⑤コンディション（健康状態《じょうたい》、精神状態《せいしんじょうたい》）、⑥キャラクター（魅力《みりょく》、マナー）。評価《ひょうか》されるのは犬だが、高い評価《ひょうか》を得《え》れば、その犬を飼育《しいく》・繁殖《はんしょく》させたブリーダーの評判《ひょうばん》も高くなる。

審査員《しんさいん》はまず、スタンダードにもとづいて個々《ここ》の犬の体をさわったり、歩かせたりして、骨格《こっかく》や毛の質《しつ》、動きなどを確認《かくにん》する。それから、出場した犬たちを比較《ひかく》し、もっともスタンダードに近いと思われる犬を最優秀犬《さいゆうしゅうけん》に選ぶ。
審査《しんさ》が進むにつれて、審査員《しんさいん》、出場犬、犬を誘導《ゆうどう》するハンドラーたちの緊張感《きんちょうかん》もましてくる。グループ審査後《しんさご》におこなわれるファイナル審査《しんさ》の際《さい》には、候補《こうほ》の犬たちがラウンド（リングをぐるりとまわる動き）をするたびに観客から大きなどよめきが起こり、会場全体が熱気に包まれる。そして、最優秀犬《さいゆうしゅうけん》が選ばれるころには、会場は興奮《こうふん》のるつぼとなる。

ドッグショーで優勝《ゆうしょう》したアメリカンコッカースパニエル。

　クラフツのメインイベントである「ドッグショー」は、広いメインアリーナで開催《かいさい》される。ここに出場できるのは、世界でもトップクラスの犬とそのハンドラーのみだ。犬たちは大勢《おおぜい》の人にかこまれ、音楽や観客のざわめきが聞こえるなか、会場の雰囲気《ふんいき》にのまれることなくすば

クラフツでのドッグショーのようす。

らしいパフォーマンスを見せる。そのようすはテレビや動画サイトでも視聴《しちょう》できる。

期間中はメインアリーナ以外でも、小アリーナや各所で犬のイベントがおこなわれる。レスキュー犬や盲導犬《もうどうけん》、聴導犬《ちょうどうけん》などの実演《じつえん》、障害物《しょうがいぶつ》競走など、各種の競技《きょうぎ》、ドッグダンスもひろうされる。また、しつけ教室やお手入れ教室、動物愛護団体《どうぶつあいごだんたい》のデモンストレーションなど、犬にまつわるさまざまなコーナーもある。さらに、数多くの犬関連のグッズをあつかう店やドッグフードの店などもならぶ。クラフツはまさに世界最大の犬の祭典なのである。

プリツカー建築賞《けんちくしょう》

世界的に権威《けんい》のある建築界《けんちくかい》のノーベル賞《しょう》

すぐれた建築家《けんちくか》に贈《おく》られるプリツカー建築賞《けんちくしょう》（通称《つうしょう》プリツカー賞《しょう》）は、「建築界《けんちくかい》のノーベル賞《しょう》」ともよばれる世界的な賞《しょう》だ。一九七九年にアメリカのホテルチェーンの経営者《けいえいしゃ》であるジェイ・プリツカーとその妻《つま》によって創設《そうせつ》され、ハイアット財団《ざいだん》が運営《うんえい》している。

表彰《ひょうしょう》は年に一度で、建築《けんちく》をつうじて人類や環境《かんきょう》に一貫《いっかん》した意義深《いぎぶか》い貢献《こうけん》をしてきた存命《ぞんめい》の建築家《けんちくか》に授与《じゅよ》される。二〇二四年現在《げんざい》、受賞《じゅしょう》した建築家《けんちくか》の国籍《こくせき》を見ると、アメリカが八人、イギリスが五人、フランスが四人などだ。そして、日本は九人と、最多となっている。

日本の建築《けんちく》が評価《ひょうか》される理由はいくつかある。ひとつは、日本人が大昔から受けつ

丹下健三《たんげけんぞう》が1964年の東京オリンピックの開催《かいさい》にむけて設計《せっけい》した東京オリンピックプール。

いできた伝統的《でんとうてき》な建築《けんちく》の知恵《ちえ》と技術《ぎじゅつ》だ。日本の伝統《でんとう》的《てき》な建築《けんちく》と聞くと、法隆寺《ほうりゅうじ》のような社寺や茅葺《かやぶ》きの古民家《こみんか》のような形を思いうかべるかもしれない。日本人の受賞者《じゅしょうしゃ》が設計《せっけい》した建物は、それらとはまったく異《こと》なる見た目だ。しかし、四季がはっきりしている日本で、自然と調和する建物をつくってきた日本人の考え方やくふうは、コンクリートやガラスでつくる現代建築《げんだいけんちく》のなかにもいかされている。

たとえば、日本人としてはじめて受賞《じゅしょう》した丹下健三《たんげけんぞう》の代表作に、一九六四年に完成した「東京オリンピックプール」（現在《げんざい》の国立代々木競技場《よよぎきょうぎじょう》第一体育館）がある。アーチ状《じょう》につりあがった壁《かべ》が大寺院のような屋根と一体になった、力強い動きを感じさせる建物だ。この屋根は、吊《つ》り橋《ばし》と同じように、二本の柱からつりさげられている。この構造《こうぞう》により、内部に柱を立てずに屋根をささえることができ、競技《きょうぎ》をするための広く大きい空間をうみだしている。

この建物のすぐれた点のひとつは、建物を成り立たせている建築構造《けんちくこうぞう》を美しく見せていることがあげられる。日本の古民家《こみんか》に入ると、屋根をささえるために複雑《ふくざつ》に組まれた梁《はり》の美しさに息をのむことがある。日本の伝統的《でんとうてき》な建築《けんちく》の多くは、建物を構成《こうせい》する柱や梁《はり》などの機能《きのう》を美しく見せてきた。その美意識《びいしき》は現代建築《げんだいけんちく》のなかにも息づいているのだ。

また、日本の伝統的《でんとうてき》な建築《けんちく》には、小さくて華奢《きゃしゃ》な建物に手をかけるという一面もある。茶室がその代表例だ。簡素《かんそ》に見えるが、木や土といった自然の中にある素材《そざい》を厳《げん》選《せん》し、人が気づかないような部分にまで職人技《しょくにんわざ》が発揮《はっき》されている。こうした建物の周《しゅう》囲《い》には、自然に人の手をくわえながらも、それが目立たないようにくふうした庭が広がる。日本では自然を建築《けんちく》にとりこみ、建築《けんちく》を自然の中にとけこませる知恵《ちえ》が昔から

伊東豊雄《いとうとよお》が設計《せっけい》したせんだいメディアテーク。鉄柱を組んだチューブが建物をささえる。

発揮《はっき》されてきたのだ。

二〇一三年にプリツカー賞《しょう》を受賞《じゅしょう》した伊東豊《いとうとよ》雄《お》の建築《けんちく》は、規模《きぼ》は大きくても、かろやかさや周囲《しゅうい》の環境《かんきょう》との調和という点で、日本的な建築《けんちく》という印象《いんしょう》をあたえる。たとえば、仙台市《せんだいし》にある「せんだいメディアテーク」という建物は、大通りに面したガラス張《ば》りが目をひく。ガラス越《ご》しにケヤキ並木《なみき》が見通せて、建物の中と外の一体感がある。内部には細い鉄柱を組んだ十三本の「チューブ」が各階をつらぬき、これが建物をささえている。鉄柱で編《あ》んだカゴのようなチューブは、エレベーターや階段《かいだん》を設置《せっち》するために使われるほか、通気や採光《さいこう》などの役割《やくわり》もある。それぞれが形も大きさもちがうし、配置も不規則《ふきそく》だ。欧米《おうべい》が主導《しゅどう》してきた近代の建築《けんちく》では、均質《きんしつ》であることが当然とされてきた。しかし、自然界には均質《きんしつ》なものは存《そん》在《ざい》しない。伊東《いとう》は、ガラスや鉄柱という現代《げんだい》の素材《そざい》を使いながら、あたかも自然の世界をうつしたような空間をうみだしている。

すぐれた建築家《けんちくか》は、ただかっこいい建物をつくるだけでは満足しない。建物をとおして人と人が関係をきずけるようにしたり、環境破壊《かんきょうはかい》などの問題解決《かいけつ》に取り組んだりして、現代《げんだい》社会とかかわるべきだと考える。二〇二四年に受賞《じゅしょう》した山本理顕《やまもとりけん》もそうした建築家《けんちくか》だ。彼《かれ》が設計《せっけい》した「熊本県営保田窪《くまもとけんえいほたくぼ》第一団地《だんち》」は一九九一年に完成した。地上五階建てで、百十世帯がくらしている。この団地《だんち》は、三棟《とう》の建物が中庭をかこんで建っている。中庭はここにくらす人のためのもので、外部の人は入ることができない。

百十世帯というのは小さな村くらいの単位だ。しかし、昔からつづく村とはちがい、団地《だんち》は見ず知らずの他人が集まってくらす場所である。となりの部屋にどんな人が住んでいるかわからないこともある。山本《やまもと》は同じ場所でいっしょにくらす人々《ひとびと》が、おた

山本《やまもと》理顕《りけん》が設計《せっけい》した熊本県営《くまもとけんえい》保田窪《ほたくぼ》第一団地《だんち》。中庭をかこむように建物が建つ。　撮影：相原功

がいに無関心ではなく、「仲間」として助けあえる関係になるように建物を考えた。百十世帯の人が共同で使う中庭は「仲間内」の庭なのだという。中庭で遊ぶ小さな子どもをみんなで見守ったり、立ちどまって世間話をしたりするように、小さなことから住民同士《どうし》の関係が深まっていくことをめざしたのだ。ハイアット財団《ざいだん》は、こうした山本《やまもと》の姿勢《しせい》を、建築《けんちく》をつうじたコミュニティ創出《そうしゅつ》として高く評価《ひょうか》した。

日本の建築《けんちく》の評価《ひょうか》が高いのは、こうした社会にうったえる力が強いことも大きな要因《よういん》だ。建《けん》築物《ちくぶつ》の背景《はいけい》にある建築家《けんちくか》の考え方を知ることで、建築《けんちく》に対する興味《きょうみ》はもっと深まるだろう。

年	受賞者名《じゅしょうしゃめい》	国《こく》　籍《せき》
2002年	グレン・マーカット	オーストラリア
2003年	ヨーン・ウツソン	デンマーク
2004年	ザハ・ハディッド	イギリス
2005年	トム・メイン	アメリカ
2006年	パウロ・メンデス・ダ・ロシャ	ブラジル
2007年	リチャード・ロジャース	イギリス
2008年	ジャン・ヌーヴェル	フランス
2009年	ピーター・ズントー	スイス
2010年	妹島和世《せじまかずよ》／西沢立衛《にしざわりゅうえ》	日　本
2011年	エドゥアルド・ソウト・デ・モウラ	ポルトガル
2012年	王澍《おうじゅ》	中　国
2013年	伊東豊雄《いとうとよお》	日　本
2014年	坂茂《ばんしげる》	日　本
2015年	フライ・オットー	ドイツ
2016年	アレハンドロ・アラベナ	チリ
2017年	RCRアルキテクタス	スペイン
2018年	バルクリシュナ・ドーシ	インド
2019年	磯崎新《いそざきあらた》	日　本
2020年	イヴォンヌ・ファレル／シェリー・マクナマラ	アイルランド
2021年	アンヌ・ラカトン／ジャン・フィリップ・ヴァッサル	フランス
2022年	ディエベド・フランシス・ケレ	ブルキナファソ
2023年	デイヴィッド・チッパーフィールド	イギリス
2024年	山本理顕《やまもとりけん》	日　本

プリツカー賞《しょう》　歴代受賞者《れきだいじゅしょうしゃ》と国籍《こくせき》

年	受賞者名《じゅしょうしゃめい》	国《こく》　籍《せき》
1979年	フィリップ・ジョンソン	アメリカ
1980年	ルイス・バラガン	メキシコ
1981年	ジェームス・スターリング	イギリス
1982年	ケヴィン・ローチ	アメリカ
1983年	イオ・ミン・ペイ	アメリカ
1984年	リチャード・マイヤー	アメリカ
1985年	ハンス・ホライン	オーストリア
1986年	ゴットフリート・ベーム	西ドイツ
1987年	丹下健三《たんげけんぞう》	日　本
1988年	ゴードン・バンシャフト	アメリカ
	オスカー・ニーマイヤー	ブラジル
1989年	フランク・ゲーリー	カナダ・アメリカ
1990年	アルド・ロッシ	イタリア
1991年	ロバート・ヴェンチューリ	アメリカ
1992年	アルヴァロ・シザ	ポルトガル
1993年	槇文彦《まきふみひこ》	日　本
1994年	クリスチャン・ド・ポルザンパルク	フランス
1995年	安藤忠雄《あんどうただお》	日　本
1996年	ホセ・ラファエル・モネオ	スペイン
1997年	スヴェレ・フェーン	ノルウェー
1998年	レンゾ・ピアノ	イタリア
1999年	ノーマン・フォスター	イギリス
2000年	レム・コールハース	オランダ
2001年	ヘルツォーク&ド・ムーロン	スイス

ヴェネチア・ビエンナーレ

二年に一度開かれる国際《こくさい》的《てき》な美術《びじゅつ》の祭典

イタリア北部の都市、ヴェネチア（ベネツィア、ベニスとも）で、一年おきに「ヴェネチア・ビエンナーレ」とよばれる美術展《びじゅつてん》が開催《かいさい》される。ビエンナーレとは、イタリア語で「二年に一度」という意味だ。通常《つうじょう》の美術展《びじゅつてん》とはちがい、オリンピックや万国博覧会《はくらんかい》のように国単位で出展《しゅってん》する。また、審査員《しんさいん》によって選ばれるとくに優秀《ゆうしゅう》な作品には金獅子賞《きんじししょう》という賞《しょう》が授与《じゅよ》される。これらのことから「美術《びじゅつ》のオリンピック」とよばれることも多い。

参加国は約九十か国で、日本をふくむ二十九か国が自前のパビリオン（展示館《てんじかん》）を持っている。メイン会場となるジャルディーニという公園では、建築《けんちく》もそれぞれに異《こと》なる各国のパビリオンを目にすることができる。もうひとつのメイン会場がアルセ

ヴェネチア・ビエンナーレの舞台《ぶたい》は、イタリアの水の都、ヴェネチア。

ナーレという旧《きゅう》国立造船所《ぞうせんじょ》で、おもむきのある中世の建物は観光名所にもなっている。ヴェネチアは、歴史《れきし》のある建物と運河《うんが》で知られる美しい都市だ。自前のパビリオンを持たない国は古い邸宅《ていたく》などを間借りして展示《てんじ》しており、美術鑑賞《びじゅつかんしょう》をしながら町歩きも楽しめる。

　ヴェネチア・ビエンナーレの歴史《れきし》は古く、最初の美術展《びじゅつてん》が開かれたのは一八九五年のことだ。国《こく》際的《さいてき》に開催《かいさい》される美術展《びじゅつてん》の先《さき》がけといえる。一九三〇年代に入ると国際《こくさい》音楽祭、国際映画祭《こくさいえいがさい》、国際《こくさい》演劇祭《えんげきさい》の部門ができ、その後、さらに国際建築展《こくさいけんちくてん》覧会《らんかい》と国際舞踏祭《こくさいぶとうさい》もくわわり、総合的《そうごうてき》な芸術《げいじゅつ》の祭典に発展《はってん》した。日本がヴェネチア・ビエンナーレにはじめて公式参加したのは、一九五二年のことだ。一九五六年には日本パビリオンが完成し、一九七二年からは日本の政府《せいふ》機関である国際《こくさい》交流基金《ききん》がパビリオンを運営《うんえい》している。

ビエンナーレを主催《しゅさい》するのは、イタリア政府《せいふ》が後援《こうえん》するNPOであるヴェネチア・ビエンナーレ財団《ざいだん》だ。財団《ざいだん》は毎回、総合《そうごう》ディレクターを選定し、全体の方針《ほうしん》を決める。また、総合《そうごう》ディレクターは、ジャルディーニとアルセナーレにある一部の建物を使い、展覧会《てんらんかい》を企画《きかく》して開催《かいさい》する。

二〇二四年のビエンナーレの総合《そうごう》ディレクターは、ブラジル・サンパウロ美術館《びじゅつかん》の芸術監督《げいじゅつかんとく》のアドリアーノ・ペドロサで、テーマは「どこにでもいる外国人」だった。ここでいう外国人というのは国籍《こくせき》にかぎらず、人種、性別《せいべつ》などもふくむ多様性《たようせい》を強調している。移民《いみん》、外国人、難民《なんみん》、性的《せいてき》マイノリティ、先住民など、社会的に偏見《へんけん》や差別の対象《たいしょう》になってきた人たちにスポットライトをあてた展示《てんじ》によって、現代《げんだい》がかかえる課題にむきあった。展示《てんじ》全体は、少数民族の文化を受けついだ作品など、西洋文化

2024年に開催《かいさい》されたヴェネチア・ビエンナーレの中央パビリオン。

とは異《こと》なる背景《はいけい》で創作《そうさく》された作品が少なくなかった。作家もアフリカ出身者や世界各地の先住民をルーツに持つ人が目立った。これまで西洋社会が主導《しゅどう》してきた芸術《げいじゅつ》の分野が、全世界に広がる可能《かのう》性《せい》をしめしている。

一方、参加する各国は事前に、代表アーティストとキュレーター（展示企画者《てんじきかくしゃ》）を選び、自国のパビリオンで展示《てんじ》をおこなう。二〇二四年の日本館では、アーティストに東京在住《ざいじゅう》の毛利悠子《もうりゆうこ》を選び、キュレーターに韓国《かんこく》出身でイギリス在住《ざいじゅう》のイ・スッキョンがくわわって、「Compose《コンポーズ》」というタイトルの展覧会《てんらんかい》を開催《かいさい》した。

毛利《もうり》は、鉄道の駅で水漏《みずも》れが起きたときに、職《しょく》

床《ゆか》と天井《てんじょう》に開口部があるユニークな日本館での展示《てんじ》。

員《いん》がバケツやホースなど、身近にある道具で応《おう》急処置《きゅうしょち》をほどこしているようすを長年観察して感銘《かんめい》を受け、「モレモレ東京」というシリーズの写真を発表してきた。今回の展示《てんじ》は、それに着想を得《え》たものだ。架空《かくう》の水漏《みずも》れを会場内で表《ひょう》現《げん》し、ビニールシートやチューブなど、さまざまなものを組みあわせて展示《てんじ》している。会場内の水は循環《じゅんかん》し、水が動くことで、展示《てんじ》された鈴《すず》やドラムが音を立てる。毛利《もうり》は作品制作《せいさく》のため、ビエンナーレが開催《かいさい》される二か月前にヴェネチアに入り、現地《げんち》の気候やくらしを体験したという。作品に使われたものはヴェネチアで手に入れた日用品で、準備《じゅんび》と制作《せいさく》では現地《げんち》の人にも協

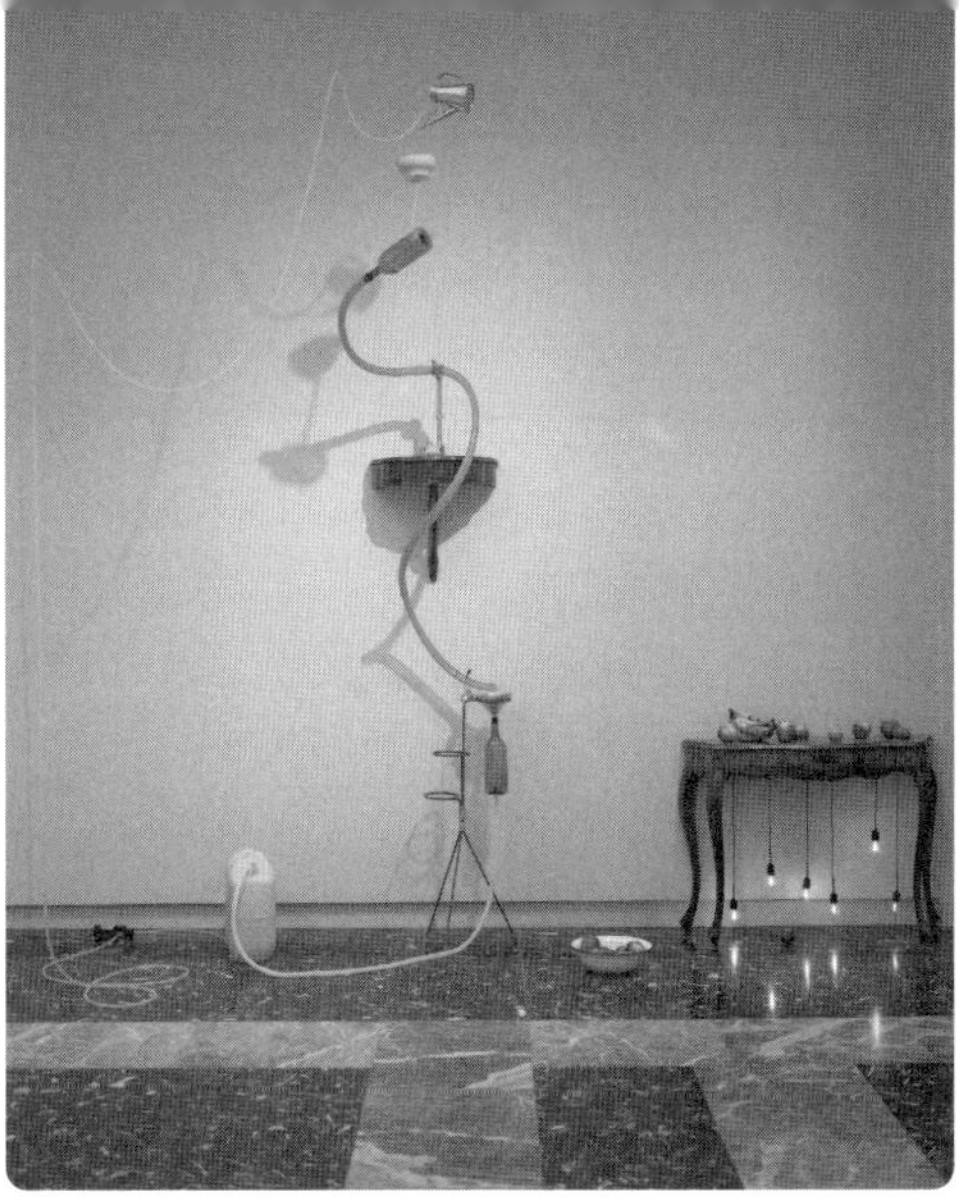

(p114～115の写真)
毛利悠子「Compose」
第60回ヴェネチア・ビエンナーレ国際美術展日本館での展示風景、2024　撮影：久家靖秀

毛利《もうり》の作品は、現地《げんち》で入手した日用品でつくられている。

力してもらった。

水をテーマにした今回の創作《そうさく》で毛利《もうり》の頭にうかんだのは、ヴェネチアでくりかえし起きる水害だったという。水害の原因《げんいん》のひとつに、地球温暖化《おんだんか》によって起きる海面水位の上昇《じょうしょう》がある。毛利《もうり》の展示《てんじ》はユーモアがあって見る人を楽しませてくれるが、根底には世界が直面する気候変動という課題があったのだ。

キュレーターのイは、この展覧会《てんらんかい》のタイトル「Compose《コンポーズ》」とは「ともに・おく」という意味だと説明している。コロナ禍《か》ののち、人々《ひとびと》は自由に移動《いどう》できるようになったが、世界では争いが絶《た》えず、気候変動や食料危機《きき》などの問題も解《かい》決《けつ》されていない。そうした社会で、人々《ひとびと》があらためてともにおかれ、すごすことの意味を問いかける。毛利《もうり》の作品は、その問いかけに、予期せぬ水漏《みずも》れに直面したとき、身近にあった道具を使って立ちむかう駅員の姿《すがた》をかさねてうまれた。日常《にちじょう》のなかで起きる小さな困難《こんなん》に、人々《ひとびと》が力をあわせて知恵《ちえ》をしぼることに希望を見出しているのだという。

すぐれた現代《げんだい》の芸術《げいじゅつ》は、国境《こっきょう》を越《こ》えてわたしたちが住む世界の見方を変える。毛利《もうり》の作品のように、目の前にあるものをとおしてちがう世界が見えたとき、わたしたちの心は大きくふるえる。「美術《びじゅつ》のオリンピック」は今、世界を学びなおす教室のようだ。

キュレーターのイ・スッキョン（右）と、アーティストの毛利悠子《もうりゆうこ》（左）。
撮影：久家靖秀

コンピューター科学のノーベル賞《しょう》

　世界でもっとも権威《けんい》ある賞《しょう》といえば、だれもが「ノーベル賞《しょう》」を思いうかべるだろう。しかし、ノーベル賞《しょう》の対象《たいしょう》となるのは物理学、化学、生理学・医学、文学、平和、経済学《けいざいがく》の六分野だけだ。現代《げんだい》社会に欠かせない自然科学や社会科学、芸術《げいじゅつ》などの分野がすべて対象《たいしょう》になっているわけではない。そういうこともあり、ノーベル賞《しょう》の対象外《たいしょうがい》の分野で権威《けんい》ある賞《しょう》については「〇〇のノーベル賞《しょう》」とよばれることがある。

　そのひとつが一九六六年に創設《そうせつ》された、「コンピューター科学のノーベル賞《しょう》」といわれる「チューリング賞《しょう》」だ。主催者《しゅさいしゃ》は、コンピューター科学の分野の国際的《こくさいてき》な学会であるACM(Association for Computing Machinery《アソシエーション フォー コンピューティング マシーナリー》)。この賞《しょう》の名前は、理論《りろん》コンピューター科学や人工知能《ちのう》の研究の創始者《そうししゃ》であるアラン・チューリングに由来する。

「コンピューターの父」ともよばれるチューリングは、一九一二年にイギリスでうまれた。十代のころから才能《さいのう》を発揮《はっき》し、十六歳《さい》で理論《りろん》物理学者のアインシュタインが書いた文章を理解《りかい》したという。彼《かれ》は、ケンブリッジ大学キングス・カレッジで学んでいるときにあらわした論文《ろんぶん》のなかで、「チューリングマシン」という仮想的《かそうてき》な機械を発表した。それまで、数学に存在《そんざい》するアルゴリズム（こたえを求めるときの手順や計算方法）にはあいまいな点があった。そのアルゴリズムが計算可能《かのう》であることを証明《しょうめい》するための機械を論文《ろんぶん》のなかで発表している。この実在《じつざい》しない機械がチューリングマシンで、現代《げんだい》につづくコンピューターの基本的《きほんてき》な考え方となっている。

第二次世界大戦が勃発《ぼっぱつ》すると、チューリングはイギ

© Basultobd

チューリング賞《しょう》のトロフィー。

リス政府《せいふ》の暗号解読《かいどく》にかかわるようになった。ドイツが当時、最高峰《さいこうほう》の暗号機「エニグマ」でつくった暗号を解読《かいどく》するのが使命だった。チューリングは暗号のカギとなる文字などの組みあわせを電動で検索《けんさく》する計算機械「ボンブ」を開発し、短時間で暗号を解読《かいどく》することに成功した。戦後はおもにコンピューターのプログラム開発に従事《じゅうじ》し、一九五〇年には機械が知性《ちせい》を持つかを判定《はんてい》するテスト「チューリングテスト」を発案した。人間と機械に会話をさせ、判定者《はんていしゃ》が人間の会話か機械の会話かわからない場合は、その機械は合格《ごうかく》になる。機械の会話がどれだけ人間に似《に》ているかをためすテストだ。チューリングは、現代《げんだい》のＡＩ（人工知能《ちのう》）の基礎《きそ》をきずいた人でもある。

「コンピューターの父」とよばれるアラン・チューリング。

　現代《げんだい》の社会に浸透《しんとう》しているＡＩとは、人間の知的行動をコンピューターにおこなわせる技術《ぎじゅつ》のことである。たとえば、医療《いりょう》分野で病気を診断《しんだん》したり、金融《きんゆう》分野で株価《かぶか》を予測《よそく》したりする技術《ぎじゅつ》が一九八〇年代から発達し

人間の知能《ちのう》のようなはたらきをするＡＩのイメージ。

てきた。さらに二〇〇〇年代に入ると、コンピューターの性能《せいのう》が飛躍的《ひやくてき》に向上し、ＡＩの可《か》能性《のうせい》も広がった。かつてはＡＩが精度《せいど》よく働くためには、人間が膨大《ぼうだい》な量のデータを用意しなければならなかった。また、言葉で説明できない知識《ちしき》はデータ化することができず、例外的なことの処理《しょり》も困難《こんなん》だった。しかし、ＡＩ技術《ぎじゅつ》の発達により、こんにちでは、コンピューターがみずから学習するようになった。これを機械学習という。初期の機械学習では人間が正解《せいかい》のデータをコンピューターに教える必要があったが、現在《げんざい》では、大量のデータのなかからコンピューターがみずからルールやパターンを発見

ニューラルネットワークの研究でチューリング賞《しょう》を受賞《じゅしょう》した３人。左からヨシュア・ベンジオ、ジェフリー・ヒントン、ヤン・ルカン。

し、学ぶ技術《ぎじゅつ》も進んでいる。これを深層《しんそう》学習（ディープラーニング）という。人間と会話するようにしてさまざまなことを教えてくれる生成的人工知能《ちのう》（生成ＡＩ）も深層《しんそう》学習の成果のひとつだ。

ＡＩの進化に貢献《こうけん》したのが、人間の脳内《のうない》にある神経《しんけい》細胞《さいぼう》ネットワークの仕組みを、人工知能《ちのう》に応用《おうよう》する研究だった。こうした研究があって、自動車の自動運転やインターネット上で問題のある投稿《とうこう》を探《さが》しだすことなどが可能《かのう》になった。二〇一八年、この研究に取り組んだヨシュア・ベンジオ、ジェフリー・ヒントン、ヤン・ルカンという三人の研究者がチューリング賞《しょう》を受《じゅ》賞《しょう》した。

じつは、彼《かれ》らが取り組んだニューラルネットワークは、一九八〇年代後半には時代遅《じだいおく》れとみなされていた。そうした逆風《ぎゃくふう》をものともせず、研究に取り組んだ人たちがいたことで、ＡＩは大きく進化したのだ。この理論《りろん》そのものは一九五〇年代後半に登場していたのだが、複雑《ふくざつ》なことをコンピューターにさせる場合の学習方法にゆきづまっていた。そうしたなか、ヒントンは深層《しんそう》学習のとくに重要なアルゴリズムを提示《ていじ》した。また、ルカンは手書きの郵便《ゆうびん》番号を認識《にんしき》できるソフトウエアを開発するなど、画像認識《がぞうにんしき》に適《てき》したネットワークの開発に貢献《こうけん》した。ベンジオは深層《しんそう》学習を会話やテキストといった連続する複雑《ふくざつ》な動作に役立てる理論《りろん》を研究した。彼《かれ》らの功績《こうせき》が広く認《みと》められるようになったのは二〇一二年以降《いこう》である。

　このように、コンピューターは特定の分野では人間の脳《のう》に近づきつつあるが、脳《のう》と同じはたらきをするものではない。人間の知能《ちのう》のように柔軟《じゅうなん》なはたらきをする人工知《ち》能《のう》はこれからの研究課題だ。コンピューター科学のこれまでのめざましい進歩から考えると、かぎりなく人間に近い知能《ちのう》を持つ機械が出現《しゅつげん》するのも夢《ゆめ》ではないだろう。

ウィキメディアン・オブ・ザ・イヤー

インターネット百科事典の功労者に授与《じゅよ》

インターネットの普及《ふきゅう》によって、わたしたちの生活は激変《げきへん》した。以前は、知らない場所に出かけるときには紙の地図を持たなければならなかった。海外にいる人に電話しようとしたら、とても高い通話料を支払《しはら》う必要があった。そして、調べ物をするときには図書館で本を探《さが》したり、分厚《ぶあつ》い百科事典をめくったりしていた。一般《いっぱん》の人が気軽にインターネットを使えるようになったのは、一九九五年にインターネットへの接《せつ》続《ぞく》が簡単《かんたん》にできるＯＳ（オペレーティングシステム＝パソコンを動かすのに必要不可《ふか》欠《けつ》なソフトウエア）のＷｉｎｄｏｗｓ《ウィンドウズ》95が登場してからだ。それまでインターネットは大学や研究所など、かぎられた機関でしか使われていなかったのだ。

インターネットでは、あらゆる情報《じょうほう》がやりとりされる。

インターネット上の百科事典である「ウィキペディア」は調べ物を格段《かくだん》に楽にした。その特《とく》徴《ちょう》をあげてみよう。まず、年齢《ねんれい》も国籍《こくせき》も職業《しょくぎょう》もさまざまな一般《いっぱん》の人が、匿名《とくめい》で執筆《しっぴつ》や編集《へんしゅう》ができる。従来《じゅうらい》の百科事典は専門家《せんもんか》が執筆《しっぴつ》・編集《へんしゅう》をしてきたので、これひとつとっても画期的なことだ。だれでも参加できることで、これまでの百科事典ではあつかわれなかった知名度の低い情報《じょうほう》もあつかわれるようになった。もしもウィキペディアに掲載《けいさい》されている情報《じょうほう》があやまっていたり、適切《てきせつ》でなかったりした場合は、わたしたちのような利用者がいつでも正しい情報《じょうほう》に更《こう》新《しん》できる。

ウィキペディアはだれでも執筆者《しっぴつしゃ》・編集者《へんしゅうしゃ》になれる。

ウィキペディアは、「フリー百科事典」とうたっているようにフリー（無料）で利用できる。運営《うんえい》は非営利団体《ひえいりだんたい》のウィキメディア財団《ざいだん》がおこない、おもに寄付《きふ》によって運《うん》営《えい》されている。企業広告《きぎょうこうこく》などは掲載《けいさい》されない。執筆《しっぴつ》や編集《へんしゅう》をする人たちは無報酬《むほうしゅう》のボランティアだ。こうしたウィキペディアの特徴《とくちょう》をひと言でいうと、読者と執筆者《しっぴつしゃ》・編《へん》集者《しゅうしゃ》の垣根《かきね》がなく、だれでも情報《じょうほう》をあつかえる自由で平等なメディア（媒体《ばいたい》）ということになる。

ウィキペディアは二〇二五年一月の時点で、三百五十四の言語で執筆《しっぴつ》されている。二〇〇一年に最初に英《えい》語版《ごばん》ができ、それから、しだいに多くの言語で執筆《しっぴつ》されるようになった。全言語の記事数は六千四百万件《けん》以上。もっとも多いのが英語版《えいごばん》の六百九十五万件《けん》以上で、百万件《けん》以上の記事が書かれている言語は十九ある。日本語では百四十四万件《けん》以上の記事が書かれている。

ウィキペディアの命名者、ラリー・サンガー。

ウィキペディアの創設者《そうせつしゃ》、ジミー・ウェールズ。

創設者《そうせつしゃ》はアメリカ出身の実業家、ジミー・ウェールズだ。インターネット上の百科事典をつくろうと考え、二〇〇〇年にヌーペディアというプロジェクトを開始した。しかし、ヌーペディアは専門家《せんもんか》が厳《きび》しいチェックをしてから記事を公開していたため、公開するまでに時間がかかった。ヌーペディアのチェックにかかわっていた哲学者《てつがくしゃ》、ラリー・サンガーのすすめで、だれもが自由に執筆《しっぴつ》・編集《へんしゅう》ができるウィキペディアを共同で創設《そうせつ》することにしたのだ。

二〇一二年、ウィキメディア財団《ざいだん》は、ウィキペディアをはじめとする財団《ざいだん》の活動に貢献《こうけん》した個人《こじん》などにあたえる「ウィキメディアン・オブ・ザ・イヤー」という賞《しょう》を創設《そうせつ》した。これまでに受賞《じゅしょう》したのは、ほとんどが無名の人たちだ。たとえば、二〇一七年の受賞者《じゅしょうしゃ》、フェリックス・ナーティはアフリカのガーナ出身。英語版《えいごばん》ウィキペディアに、祖国《そこく》であるガーナに関する内容《ないよう》を追加した。また、ガーナでウィキメディア活動の会議を開催《かいさい》し、アフリカの各地域《かくちいき》で人々《ひとびと》がつながりを持つ機会をつくった。

二〇二二年の受賞者《じゅしょうしゃ》、オルガ・パレデスは、スペイン語版《ごばん》ウィキペディアで活動している。スペイン語圏《ごけん》の利用者グループとほかのグループとのつながりのなかでリーダーシップを発揮《はっき》したことと、とくに女性《じょせい》たちにウィキペディアなどの活動を広めたことが評価《ひょうか》されて受賞《じゅしょう》した。

ウィキメディアン・オブ・ザ・イヤーは、メインの賞《しょう》のほかに、選外賞《せんがいしょう》、新人賞《しんじんしょう》、ウィキメディア桂冠賞《けいかんしょう》、最優秀技術貢献者賞《さいゆうしゅうぎじゅつこうけんしゃしょう》、最優秀《さいゆうしゅう》メディア貢献者賞《こうけんしゃしょう》がある。選外《せんがい》賞《しょう》は将来性《しょうらいせい》のある人をはげます奨励賞《しょうれいしょう》で、桂冠賞《けいかんしょう》は長年の活動に対する名誉賞《めいよしょう》という位置づけだ。二〇二四年には「ファンクショナリー・オブ・ザ・イヤー」が新設《しんせつ》された。ウィキペディアなどの活動は、人々《ひとびと》の地道な努力があって円滑《えんかつ》な運営《うんえい》や持続がで

右の2024年に受賞《じゅしょう》したハンナ・クローヴァーは、英語版《えいごばん》ウィキペディアのベテラン編集者《へんしゅうしゃ》。左は、ウクライナ語版《ごばん》ウィキペディアの管理者、ヴィラ・モートルコ。

きる。この賞《しょう》は、舞台裏《ぶたいうら》で働く人たちに光をあてるものである。受賞者《じゅしょうしゃ》のヴィラ・モートルコはウクライナ語版《ごばん》ウィキペディアの管理者だ。他言語からウクライナ語への翻訳《ほんやく》や、読みやすいページにする設定《せってい》など、地道な活動でウィキペディアの運営《うんえい》をささえてきたことが評価《ひょうか》された。

ふだん、わたしたちはあたり前のように便利なインターネットを活用している。しかし、そのかげには多くの人たちの努力があることを、ウィキメディアン・オブ・ザ・イヤーは教えてくれる。表現《ひょうげん》の自由を大切にし、多くの人と知識《ちしき》を共有するというインターネットがかかげた理想を実現《じつげん》するのは一人ひとりの力の結集なのだ。

ラモン・マグサイサイ賞《しょう》

社会貢献《こうけん》・平和活動をたたえるアジアの賞《しょう》

「マグサイサイ賞《しょう》」は、アジア全域《ぜんいき》を対象《たいしょう》に、社会貢献《こうけん》や平和活動に貢献《こうけん》した人や団《だん》体《たい》に贈《おく》られる、「アジアのノーベル賞《しょう》」ともよばれる権威《けんい》ある賞《しょう》だ。正式名称《めいしょう》は「ラモン・マグサイサイ賞《しょう》」といい、フィリピンの大統領《だいとうりょう》の名にちなんだ賞《しょう》である。

一九五三年に第七代のフィリピン大統領《だいとうりょう》となったラモン・マグサイサイは、フィリピンの経済《けいざい》を発展《はってん》させた一方で、貧《まず》しい人たちに土地を分けあたえる政策《せいさく》を実行した。現実的《げんじつてき》な理想をかかげ、私欲《しよく》やいつわりのない政治姿勢《せいじしせい》は、広く民衆《みんしゅう》に支持《しじ》されていた。しかし、一九五七年に遊説先《ゆうぜいさき》からの帰路、乗っていた航空機《こうくうき》が墜落《ついらく》し、帰らぬ人となってしまった。

フィリピンの第７代大統領《だいとうりょう》のラモン・マグサイサイ。

没後《ぼつご》、彼《かれ》の功績《こうせき》をたたえて創設《そうせつ》されたのが、このマグサイサイ賞《しょう》である。一九五八年から賞《しょう》の授与《じゅよ》がおこなわれ、二〇二四年現在《げんざい》、これまでに二百以上の個人《こじん》や団体《だんたい》が受賞《じゅしょう》している。賞《しょう》を運営《うんえい》するのは首都のマニラにあるラモン・マグサイサイ賞財団《しょうざいだん》。授与式《じゅよしき》はマグサイサイの誕《たん》生日《じょうび》である八月三十一日におこなわれ、メダルと賞金《しょうきん》が授与《じゅよ》される。

賞《しょう》の部門はとくにもうけられていないが、二〇〇八年までは「政府《せいふ》」「社会奉仕《ほうし》」「社会指導《しどう》」「報道《ほうどう》・文学・創造的情報《そうぞうてきじょうほう》伝達」「平和・国際理解《こくさいりかい》」「新興指導者《しんこうしどうしゃ》」の六部門があった。受賞《じゅしょう》する人や団体《だんたい》は、人種・信条《しんじょう》・性別《せいべつ》・国籍《こくせき》を問われない。さまざまな分野ですぐれた業績《ぎょうせき》をなしとげたり、地道に人道支援《しえん》などの活動に取り組んだりしてきた個人《こじん》や団体《だんたい》が受賞《じゅしょう》している。とくに、世間の賞賛《しょうさん》を期待せず、慈悲深《じひぶか》いおこない

1984年に受賞《じゅしょう》したムハマド・ユヌス。マイクロクレジットは発展途上国《はってんとじょうこく》の女性《じょせい》たちが事業をはじめる手助けとなる。

で人々《ひとびと》を助けてきた個人《こじん》が受賞《じゅしょう》する傾向《けいこう》が強い。

たとえば、チベット仏教《ぶっきょう》の指導者《しどうしゃ》で世界平和を唱えるダライ・ラマ十四世（一九五九年受賞《じゅしょう》）や、貧《まず》しい人々《ひとびと》の救済《きゅうさい》に生涯《しょうがい》をささげたマザー・テレサ（一九六二年受賞《じゅしょう》）など、世界的に著名《ちょめい》な人物が名をつらねている。その一人が一九八四年に受賞《じゅしょう》したムハマド・ユヌスだ。彼《かれ》は、バングラデシュにうまれ、アメリカの大学で経済学《けいざいがく》を学んだ。バングラデシュ独立後《どくりつご》の一九七二年に帰国し、貧困《ひんこん》に苦しむ人々《ひとびと》をまのあたりにする。経済的《けいざいてき》に自立したくても銀行の融資《ゆうし》を受けられない貧《まず》しい人にむけて、みずからグラミン銀行を設立《せつりつ》。マイクロクレジットという、無担保《むたんぽ》で少額《しょうがく》の資金《しきん》を貸《か》しだす融資《ゆうし》（おもに女性《じょせい》が対象《たいしょう》）をはじめた。その結果、バングラデシュの貧困《ひんこん》は軽減《けいげん》され、さらにマイクロクレジットは貧困《ひんこん》支援《しえん》の手法として世界中に広まった。ユヌスは二〇〇六年にノーベル平和賞《へいわしょう》も受賞《じゅしょう》している。

日本については二〇二四年までに二十五を超《こ》える個人《こじん》や団体《だんたい》が受賞《じゅしょう》している。個人《こじん》では、映画監督《えいがかんとく》の黒澤明《くろさわあきら》（一九六五年受賞《じゅしょう》）、女性《じょせい》運動家で政治家《せいじか》の市川房枝《いちかわふさえ》（一九七四年受賞《じゅしょう》）、農薬も肥料《ひりょう》も使わない自然農法を実践《じっせん》した福岡正信《ふくおかまさのぶ》（一九八八年受賞《じゅしょう》）、日本人初の国連難民《なんみん》高等弁務官《べんむかん》となった緒方貞子《おがたさだこ》（一九九七年受賞《じゅしょう》）などがいる。また、団体《だんたい》では、一九六五年から海外ボランティアとして発展途上国《はってんとじょうこく》を中心に支援《しえん》活動をつづける青年海外協力隊が二〇一六年に受賞《じゅしょう》した。

華々《はなばな》しい功績《こうせき》よりも息長く地に足の着いた活動をしてきた受賞者《じゅしょうしゃ》の代表例が、作家の石牟礼道子《いしむれみちこ》（一九七三年受賞《じゅしょう》）と医師《いし》の中村哲《なかむらてつ》（二〇〇三年受賞《じゅしょう》）だ。

石牟礼《いしむれ》は一九五〇年代なかばから熊本県水俣湾《くまもとけんみなまたわん》周辺で集団《しゅうだん》発生した公害病「水俣《みなまた》病《びょう》」にむきあった作家である。水俣病《みなまたびょう》の原因《げんいん》は大企業《だいきぎょう》が海に垂《た》れ流《なが》した有害物質《ぶっしつ》で、

緑の大地を背景《はいけい》にほほえむ中村哲《なかむらてつ》。荒《あ》れ果《は》てた砂漠《さばく》だった土地を、現《げん》地《ち》の人たちとともによみがえらせた。(2019年4月) 提供:ペシャワール会

犠牲《ぎせい》になったのは漁師《りょうし》をはじめとする庶民《しょみん》であった。病に苦しむ人にむきあった小説『苦海《くがい》浄土《じょうど》—わが水俣病《みなまたびょう》』は、貧《まず》しい人がしいたげられる世の中の理《り》不尽《ふじん》や失われた自然の美しさを切々《せつせつ》とえがいた不朽《ふきゅう》の名作である。

中村哲《なかむらてつ》は、三十五年にわたって政情《せいじょう》が不安定なパキスタンや隣国《りんごく》のアフガニスタンで医療《いりょう》活動に従事《じゅうじ》した。二〇〇〇年、アフガニスタンで干《かん》ばつが深刻化《しんこくか》すると、子どもの栄養失調や感《かん》染症《せんしょう》が増加《ぞうか》。「水があれば多くの人の命を救《すく》える」と考え、中村《なかむら》らは清潔《せいけつ》な水を得《え》るために井《い》戸掘《どほ》りをはじめ、二〇〇八年までに飲料用井戸千六百基《き》、灌漑《かんがい》用井戸十三基《き》を掘削《くっさく》した。

マルワリード用水路での試験通水のようす。子どもたちも中村哲《なかむらてつ》といっしょに通水をよろこぶ。（2004年2月）　提供：ペシャワール会

　また、二〇〇二年には大干《だいかん》ばつからの農村復《ふっ》興《こう》をめざす「緑の大地計画」を立案し、二〇〇三年からは用水路建設《けんせつ》を開始した。自給自足をめざした農場も開墾《かいこん》して、さまざまな作物を育て、牧畜《ぼくちく》や養蜂《ようほう》などもおこなうようになった。

　しかし、中村《なかむら》は二〇一九年、移動中《いどうちゅう》に何者かに銃撃《じゅうげき》されて死去した。彼《かれ》が亡《な》くなったあとも活動はとどこおりなく引きつがれ、二〇二三年時点で、大阪市の面積よりも広い約二万三千八百ヘクタールの農地が回復《かいふく》している。これによって、干《かん》ばつや戦乱《せんらん》で土地をはなれた七十万人以上の農民がもどることができた。

　二〇二四年、日本を代表するアニメ監督《かんとく》の宮《みや》

崎駿《ざきはやお》がマグサイサイ賞《しょう》を受賞《じゅしょう》した。受賞《じゅしょう》理由としてラモン・マグサイサイ賞財団《しょうざいだん》は、「アニメ映画《えいが》の第一人者で、生涯《しょうがい》をかけてアニメをもちいて人間性《にんげんせい》などを照らしだし、子どもだけでなく大人《おとな》の想像力《そうぞうりょく》をかき立てることにも貢献《こうけん》した」と発表している。子どもも大人《おとな》も楽しめる作品をとおして、宮崎《みやざき》は環境《かんきょう》保護《ほご》や平和の大切さをうったえつづけてきた。

世界中の人の心を打つ作品を発表しつづける宮崎駿監督《みやざきはやおかんとく》。　提供：大臣官房

世界中に宮崎《みやざき》作品のファンがいることは、彼《かれ》が送るメッセージに共感する人が多いことの証《あかし》だろう。エンターテインメントや芸術《げいじゅつ》が人の心を動かし、世の中を変えていく可能性《かのうせい》をしめしている。

国連人権賞《じんけんしょう》

人権《じんけん》を守り、広めるための活動に授与《じゅよ》

第二次世界大戦終結後の一九四五年十月、戦争や紛争《ふんそう》をふせぎ、世界の平和と安全を維持《いじ》するために「国際《こくさい》連合(国連)」が設立《せつりつ》された。当時の加盟国《かめいこく》は五十一か国。二〇二四年現在《げんざい》の加盟《かめい》国《こく》は百九十三か国である。

国連には下の四つの役割《やくわり》がある。

たとえば、①の国際《こくさい》の平和と安全を維持《いじ》するための活動として平和維持《いじ》活

①国際《こくさい》の平和と安全を維持《いじ》すること。
②人民の同権《どうけん》および自決の原則《げんそく》の尊重《そんちょう》に基礎《きそ》をおいて諸国間《しょこくかん》の友好関係を発展《はってん》させること。
③経済的《けいざいてき》、社会的、文化的または人道的性質《せいしつ》を有する国際《こくさい》問題を解決《かいけつ》し、かつ人権《じんけん》および基《き》本的《ほんてき》自由の尊重《そんちょう》を促進《そくしん》することについて協力すること。
④これらの共通の目的を達成するにあたって諸《しょ》国《こく》の行動を調和するための中心となること。

加盟国《かめいこく》の国旗がかかげられたジュネーブ（スイス）の国連ヨーロッパ本部。

動（ＰＫＯ）がある。紛争後《ふんそうご》の国で停戦《ていせん》や選挙の監視《かんし》などをおこなっている。③の活動の例としては、専門《せんもん》機関のユニセフが発展途上国《はってんとじょうこく》などで、子どもの命と健康を守る活動などをつづけている。

一九四八年十二月十日、国連総会《こくれんそうかい》で全三十条《じょう》からなる「世界人権宣言《せかいじんけんせんげん》」が採択《さいたく》された。この宣言《せんげん》は、すべての人はうまれながらにして自由で、だれにもおかされない人間としての権利《けんり》を持っていることをあきらかにしている。すべての国に共通する人権《じんけん》の基準《きじゅん》である。教育、雇用《こよう》、公正な賃金《ちんぎん》、投票権《とうひょうけん》、健康、表現《ひょうげん》の自由、性《せい》や人種によって差別されない権利《けんり》など、さまざま

1998年12月10日発行の特《とく》殊《しゅ》切手「世界人権宣言《せかいじんけんせんげん》50周年記念郵便《ゆうびん》切手」。国連で世界人権宣言《せかいじんけんせんげん》が採択《さいたく》されてから50周年を迎《むか》えることから、1998年に発行された。左上：かぞく、右上：ハートの木、左下：ひと、右下：はっぴねす

な人権《じんけん》を守るための世界的なルールだ。この宣《せん》言《げん》によって、加盟国《かめいこく》の政府《せいふ》は、ゆたかな者も貧《まず》しい者も、強い者も弱い者も、男性《だんせい》も女性《じょせい》も、人種や宗教《しゅうきょう》に関係なく、すべての人が平等にあつかわれることを保障《ほしょう》するという義務《ぎむ》を認《みと》めたことになる。世界人権宣言《せかいじんけんせんげん》は、法律《ほうりつ》のように、守らなければ罰《ばっ》せられるようなものではない。しかし、世界中の国々《くにぐに》から広く受け入れられているため、道徳的に大きな力を持つ。

一九六六年、この宣言《せんげん》に記《しる》されている人権《じんけん》を守り、さらに広めるために顕著《けんちょ》な功績《こうせき》のあった人や団体《だんたい》に対する「国連人権賞《じんけんしょう》」が創設《そうせつ》された。世界人権宣言《せかいじんけんせんげん》の採択《さいたく》から二十周年にあたる一九

六八年に国連人権賞《じんけんしょう》がはじめて授与《じゅよ》された。その後は五年ごとに受賞者《じゅしょうしゃ》が選定されている。ちなみに、国連は「世界人権《じんけん》デー」を十二月十日にさだめている。

この国連人権賞《じんけんしょう》の目的は受賞者《じゅしょうしゃ》の功績《こうせき》をたたえるためだけではない。世界には、人《じん》権《けん》を守るために命を危険《きけん》にさらしながら活動している人たちがいる。その人たちに対する支援《しえん》のメッセージでもあるという。

二〇二三年の受賞者《じゅしょうしゃ》のうちの一人がコンゴ民主共和国のジュリアンヌ・ルセンジだ。彼女《かのじょ》は複数《ふくすう》の団体《だんたい》のリーダーとして、女性《じょせい》に対する人権侵害《じんけんしんがい》とたたかい、男女平等の実現《じつげん》につとめてきた。また、平和の維持《いじ》にも力をそそいできた。こうした献身的《けんしんてき》な活動が評価《ひょうか》され、国連人権賞《じんけんしょう》が授与《じゅよ》された。彼女《かのじょ》は「この賞《しょう》をコンゴ民主共和国の女性《じょせい》全員にささげます」と語っている。

受賞者《じゅしょうしゃ》のなかにはノーベル平和賞《へいわしょう》を受賞《じゅしょう》した人もいる。一九九八年に国連人権賞《じんけんしょう》を受賞《じゅしょう》したジミー・カーターはアメリカの元大統領《もとだいとうりょう》だ。在任中《ざいにんちゅう》から人権《じんけん》外交を公言し、中東で長年対立していたエジプトとイスラエルを和解《わかい》にみちびいた。退任後《たいにんご》の一九八

1998年に受賞《じゅしょう》した第39代アメリカ大統領《だいとうりょう》のジミー・カーター（左）。
2023年に受賞《じゅしょう》したコンゴ民主共和国のジュリアンヌ・ルセンジ（右）。

二年には人権《じんけん》の促進《そくしん》と平和の拡大《かくだい》を目的としたカーター・センターを設立《せつりつ》し、二〇〇二年にノーベル平和賞《へいわしょう》を受賞《じゅしょう》した。

二〇〇八年、人権《じんけん》NGO（非政府組織《ひせいふそしき》）のヒューマン・ライツ・ウォッチが六人の個人《こじん》とともに国連人権賞《じんけんしょう》を受賞《じゅしょう》した。このNGOは一九七八年に設立《せつりつ》され、世界各地で起きている人《じん》権侵害《けんしんがい》を調査《ちょうさ》・公表し、人権《じんけん》の尊重《そんちょう》の実現《じつげん》にむけて、政府《せいふ》や企業《きぎょう》、国際《こくさい》機関に対する提言《ていげん》をおこなっている。スタッフは弁護士《べんごし》、ジャーナリスト、各界の専門家《せんもんか》などからなり、九十か国以上で人権侵害《じんけんしんがい》を監視《かんし》している。また、難民《なんみん》や保《ほ》護《ご》されていない子どもたち、戦時下にある人々《ひとびと》、

2008年に受賞《じゅしょう》したヒューマン・ライツ・ウォッチのケネス・ロス事務局《じむきょく》長。左上はヒューマン・ライツ・ウォッチのロゴマーク。

社会的なマイノリティ（少数者）など、危険《きけん》にさらされている人々《ひとびと》の人権《じんけん》を守るために活動している。このNGOは、どの国の政府《せいふ》からも資金援助《しきんえんじょ》を受けていない。世界中の人権団体《じんけんだんたい》と協力しながら、すべての人の人権《じんけん》が守られるように活動をつづけている。

これまでにおこなってきた活動の例をいくつかあげる。

①子ども兵士《へいし》の徴用《ちょうよう》を禁止《きんし》する条約《じょうやく》をさだめるように国際的《こくさいてき》なはたらきかけを主導《しゅどう》してきたこと。

②アメリカが「テロとの戦い」の名目《めいもく》でおこなってきた拘束《こうそく》や尋問《じんもん》、不公正な裁判《さいばん》などの

人権侵害《じんけんしんがい》の調査《ちょうさ》・記録。
③対人地雷《じらい》の全面禁止条約《きんしじょうやく》の達成にむけた活動。
④アフガニスタン、ボスニア、チェチェン、コロンビアなど、多くの紛争地域《ふんそうちいき》でおこなわれた戦争法違反《いはん》の調査《ちょうさ》・記録。
⑤二〇〇八年の北京《ペキン》五輪に先立ち、中国での人権侵害《じんけんしんがい》に世界の目をむけさせる活動。
⑥クラスター爆弾《ばくだん》（大きな親爆弾《おやばくだん》の中に、数個《すうこ》から数千個《こ》の子爆弾《こばくだん》が入っている爆弾《ばくだん》）禁止条約《きんしじょうやく》の採択《さいたく》にむけた活動。

三十年にわたるこうした活動が評価《ひょうか》され、ヒューマン・ライツ・ウォッチは国連人《じん》権賞《けんしょう》の受賞《じゅしょう》となった。

人権侵害《じんけんしんがい》の被害《ひがい》にあうのは弱い立場の人が圧倒的《あっとうてき》に多い。声をあげたくてもあげられない人の権利《けんり》を守る団体《だんたい》や個人《こじん》の活動があって、世界人権宣言《せかいじんけんせんげん》は現実《げんじつ》のものになる。

無形文化遺産《いさん》

世界の宝《たから》として認《みと》められたテクニック

「世界遺産《いさん》」という言葉を聞いたことがあるだろうか。地球上には人類共通の宝《たから》が多く存在《そんざい》する。そのなかには、日本の富士山《ふじさん》やアメリカのイエローストーン国立公園のように自然がうみだした景観がある。また、エジプトにあるクフ王のピラミッドや、日本の法隆寺《ほうりゅうじ》のような遺跡《いせき》や建築《けんちく》もある。こうした形のある宝《たから》を登録して守っていくのが世界遺産《いさん》の考え方だ。

一方で、人類の宝《たから》には、形にならない芸術《げいじゅつ》や食文化、伝統的《でんとうてき》な技術《ぎじゅつ》もある。マニュアルなどは存在《そんざい》せず、知恵《ちえ》と感覚をたよりに長年の修業《しゅぎょう》で身につけた技術《ぎじゅつ》や、地域《ちいき》のなかで口伝えによって受けつがれてきた芸能《げいのう》などは無形の世界遺産《いさん》だ。これらを保護《ほご》無形文化遺産《いさん》のエンブレム。

するため、二〇〇三年のユネスコ総会《そうかい》で「無形文化遺産《いさん》の保護《ほご》に関する条約《じょうやく》」が採択《さいたく》された。この条約《じょうやく》を結んでいる国は二〇二四年現在《げんざい》で百八十三か国ある。

「無形文化遺産《いさん》」とは、すぐれた人や技術《ぎじゅつ》をたたえる賞《しょう》ではない。条約《じょうやく》の目的は、さまざまな無形文化遺産《いさん》があることを広く知らせ、国境《こっきょう》を越《こ》えて保護《ほご》することだ。ユネスコ内の委員会では「人類の無形文化遺産《いさん》の代表的な一覧表《いちらんひょう》」を作成している。審査《しんさ》を経《へ》てこの一覧表《いちらんひょう》に登録されることで、無形文化遺産《いさん》として世界に認《みと》められる。

条約《じょうやく》を採択《さいたく》したユネスコについてもふれておこう。ユネスコとは各国政府《せいふ》が加盟《かめい》する国際《こくさい》連合の専門《せんもん》機関のひとつで、英語で表すと「UNESCO」である。国際《こくさい》連合教育科学文化機関の英語表記であるUnited《ユナイテッド》 Nations《ネイションズ》 Educational《エデュケーショナル》, Scientific《サイエンティフィック》 and《アンド》 Cultural《カルチュラル》 Organization《オーガニゼイション》 の頭文字をつなげた名前だ。ユネスコが創設《そうせつ》されたのは、第

エジプトとサウジアラビアに伝わる楽器、シムシミヤ。「シムシミヤ：楽器の製作《せいさく》と演奏《えんそう》」として2024年に登録された。

二次世界大戦後の一九四六年である。その成り立ちには、人類が二度と戦争のあやまちをくりかえさないようにとの願いがこめられている。ユネスコ憲章《けんしょう》の前文には「戦争は人の心のなかでうまれるものであるから、人の心のなかに平和のとりでをきずかなければならない」とある。心のなかの平和を、教育・科学・文化などの分野で探《さが》し求《もと》めるのがユネスコの活動の目的だ。

無形文化遺産《いさん》は、二〇二四年末で、百五十か国の七百八十八件《けん》が登録されている。ジャンルは音楽や踊《おど》り、儀式《ぎしき》、年中行事、祭り、農業・漁業の技術《ぎじゅつ》、手工芸品や陶磁器《とうじき》の技術《ぎじゅつ》などさまざまだ。中国の書道や、インドネシアのろうけつ

日本の手漉《てすき》和紙技術《ぎじゅつ》は2014年に登録された。写真は細川紙《ほそかわし》の紙漉《かみす》きのようす。

染《ぞ》め布地《ぬのじ》のバティック、キプロスのレフカリティカというレースなどの手技《しゅぎ》も登録されている。

一覧表《いちらんひょう》に登録された日本の無形文化遺産《いさん》は、二〇二四年十二月時点で二十三ある。最初に登録されたのは、能楽《のうがく》と人形浄瑠璃《じょうるり》と歌舞伎《かぶき》だ。芸能《げいのう》や祭事が多いなかで、織物《おりもの》などの手仕事も登録されている。

二〇一四年には「和紙：日本の手漉《てすき》和紙技《ぎ》術《じゅつ》」として、島根県浜田市《しまねけんはまだし》の「石州半紙《せきしゅうばんし》」と岐《ぎ》阜県美濃市《ふけんみのし》の「本美濃紙《ほんみのし》」、埼玉県小川町《さいたまけんおがわまち》、東《ひがし》秩父村《ちちぶむら》の「細川紙《ほそかわし》」が登録された。これらの和紙の原料は楮《こうぞ》のみで、流《なが》し漉《ず》きという伝統的《でんとうてき》な技法《ぎほう》をもちいてつくられている。和紙の原料には楮《こうぞ》、三椏《みつまた》、雁皮《がんぴ》などがある。このうち、楮《こうぞ》は繊維《せんい》が長く光沢《こうたく》があり、美しい和紙が漉《す》けるという。

現在《げんざい》、わたしたちが使っている紙は、木材パルプを原料とし、機械で漉《す》く洋紙がほとんどだ。職人《しょくにん》が一枚《まい》一枚《まい》を手で漉《す》く和紙は、書道や美術《びじゅつ》の用紙、高級な障子紙《しょうじがみ》など、現代《げんだい》では用途《ようと》がかぎられている。しかし、伝統的《でんとうてき》な技法《ぎほう》で漉《す》かれた和紙には、洋紙にない長所がある。洋紙は細かくした植物繊維《せんい》を薬品で結合させるため、百年ほどしかもたないといわれる。

一方、伝統的《でんとうてき》な和紙は薬品を使わず、植物の長い繊維《せんい》をからませるようにして漉《す》くため、耐久性《たいきゅうせい》がとても高い。奈良市《ならし》の正倉院《しょうそういん》には千三百年前に漉《す》かれた和紙が保存《ほぞん》されている。また、和紙は水にも強い。江戸《えど》時代、火事が起きると、商人たちは毎日の売り上げを書いた大福帳《だいふくちょう》という紙の束《たば》を井戸に投げこんで逃《に》げた。ボールペンや鉛筆《えんぴつ》がなかった時代、人々《ひとびと》は墨汁《ぼくじゅう》を筆にふくませて文字を書いていた。火事がおさまって大福帳《だいふくちょう》を引きあげると、紙がとけるどころか、墨《すみ》のにじみもなかったのだそうだ。そ

木造建造物《もくぞうけんぞうぶつ》を受けつぐための伝統技術《でんとうぎじゅつ》は2020年に登録された。写真は白川郷《しらかわごう》の萱葺《かやぶ》き作業。

うした話が細川紙《ほそかわし》の産地に伝わっている。

こうした特性《とくせい》を持つ和紙は、現在《げんざい》でも文化財《ぶんかざい》の修復《しゅうふく》などに欠かせない素材《そざい》である。日本が誇《ほこ》る伝統技術《でんとうぎじゅつ》のひとつとして、後世に伝えていく価値《かち》がある。

二〇二〇年には、「伝統建築工匠《でんとうけんちくこうしょう》の技《わざ》：木造《もくぞう》建造物《けんぞうぶつ》を受《う》け継《つ》ぐための伝統技術《でんとうぎじゅつ》」として、日本の伝統的《でんとうてき》な建築物《けんちくぶつ》をつくる技術《ぎじゅつ》が登録された。日本は国土の約七割《わり》が森林の国である。豊富《ほうふ》な木材資源《しげん》を加工する大工技術《ぎじゅつ》が古くから発達してきた。古い寺や神社、民家などの骨組《ほねぐ》みは、釘《くぎ》や金物を使わずに、木と木を組んでつくられている。地震《じしん》や雪、台風に耐《た》える建物をつくる知恵《ちえ》とくふうは、長い年月にわたり師《し》から弟子へと受けつがれている。

　また、日本の伝統的《でんとうてき》な建築《けんちく》は、木をはじめとして、土や草などの自然界にある素材《そざい》を使ってつくられてきた。土や漆喰《しっくい》を塗《ぬ》って壁《かべ》を仕上げる左官、茅《かや》や桧《ひのき》の皮、土を焼いた瓦《かわら》を使う屋根葺《やねふ》き、藺草《いぐさ》を加工した畳《たたみ》などだ。こうした材料は、湿度《しつど》が高いときには空気中の水分を吸《す》いこみ、低いときには放出するはたらきがある。四季がはっきりしていて湿度《しつど》の高い日本の気候に適《てき》しているといえる。また、部材がいたんだら、その部分だけとりかえたり、修理《しゅうり》したりすることが容易《ようい》だ。部材をとりかえる時期と、原料となる植物が成長するサイクルが無理なく調和していて、資源《しげん》を使いつくすことがない。

　日本の伝統建築《でんとうけんちく》には、気候風土からうまれた知恵《ちえ》が集結している。昔ながらの技術《ぎじゅつ》に根づいた知恵《ちえ》を学び、現代《げんだい》のくらしにいかすという点でも、無形文化遺産《いさん》に登録されたことには大きな意味がある。

日本の無形文化遺産《いさん》（2025年1月現在《げんざい》）

掲載年《けいさいねん》	名称《めいしょう》
2008年	能楽《のうがく》
	人形浄瑠璃《じょうるり》文楽《ぶんらく》
	歌舞伎《かぶき》（伝統的《でんとうてき》な演技《えんぎ》演出《えんしゅつ》様式によって上演《じょうえん》される歌舞伎《かぶき》）
2009年	雅楽《ががく》
	小千谷縮《おぢやちぢみ》・越後上布《えちごじょうふ》
	奥能登《おくのと》のあえのこと
	早池峰神楽《はやちねかぐら》
	秋保《あきう》の田植踊《たうえおどり》
	大日堂舞楽《だいにちどうぶがく》
	題目立《だいもくたて》
	アイヌ古式舞踊《ぶよう》
2010年	組踊《くみおどり》
	結城紬《ゆうきつむぎ》
2011年	壬生《みぶ》の花田植《はなたうえ》
	佐陀神能《さだしんのう》
2012年	那智《なち》の田楽《でんがく》
2013年	和食：日本人の伝統的《でんとうてき》な食文化
2014年	和紙：日本の手漉《てすき》和紙技術《ぎじゅつ》
2016年	山・鉾《ほこ》・屋台行事
2018年	来訪神《らいほうしん》：仮面《かめん》・仮装《かそう》の神々《かみがみ》
2020年	伝統建築工匠《でんとうけんちくこうしょう》の技《わざ》：木造建造物《もくぞうけんぞうぶつ》を受《う》け継《つ》ぐための伝統技術《でんとうぎじゅつ》
2022年	風流踊《ふりゅうおどり》
2024年	伝統的酒造《でんとうてきさけづく》り

日本国際賞《にほんこくさいしょう》

科学技術《ぎじゅつ》の発展《はってん》のために政府《せいふ》が創設《そうせつ》

日本の科学技術《ぎじゅつ》は世界でも高い水準《すいじゅん》にある。たとえば、ノーベル賞《しょう》の科学部門の受《じゅ》賞者数《しょうしゃすう》はアジアの国のなかでもっとも多い。ＧＤＰ（国内総生産《そうせいさん》）に対する企業《きぎょう》や大学などの研究開発費《かいはつひ》も、アメリカ、中国などについで上位にある。科学技術《ぎじゅつ》の多くの分野で高い技術力《ぎじゅつりょく》を誇《ほこ》る日本は、とくに自動車産業や宇宙《うちゅう》開発、医療《いりょう》研究部門などでは世界有数の実力があるといえよう。

そんなテクノロジー大国である日本の政府《せいふ》が、世界の科学技術《ぎじゅつ》の発展《はってん》に貢献《こうけん》するためにもうけた賞《しょう》が「日本国際賞《にほんこくさいしょう》」だ。運営《うんえい》は公益財団法人《こうえきざいだんほうじん》である国際《こくさい》科学技術財団《ぎじゅつざいだん》がおこなっている。創設《そうせつ》されたのは一九八三年で、一九八五年に第一回授賞式《じゅしょうしき》が開かれた。

受賞者《じゅしょうしゃ》は日本人にかぎらず、世界の科学技術者《ぎじゅつしゃ》を対象《たいしょう》としている。二〇二四年の時点で、日本国際賞《にほんこくさいしょう》の受《じゅ》賞後《しょうご》にノーベル賞《しょう》を受賞《じゅしょう》した人は十一人いる。同じ年に日本国際賞《にほんこくさいしょう》とノーベル賞《しょう》を受賞《じゅしょう》した人は三人、ノーベル賞受賞後《しょうじゅしょうご》に日本国際賞《にほんこくさいしょう》を受《じゅ》賞《しょう》した人は一人である。こういったことからも、世界最高峰《さいこうほう》の研究者や技術者《ぎじゅつしゃ》にあたえられる賞《しょう》ということがわかる。

賞《しょう》の対象《たいしょう》となる分野は「物理、化学、情報《じょうほう》、工学」と「生命、農学、医学、薬学」の二領域《りょういき》から、年ごとに財団《ざいだん》が分野を決めている。いずれも独創的《どくそうてき》で飛躍的《ひやくてき》な成果をあげ、科学技術《ぎじゅつ》の進歩に大きく寄与《きよ》し、人類の平和と繁栄《はんえい》にいちじるしく貢献《こうけん》したと認《みと》められる人にあたえられる点は変わらない。

日本国際賞《にほんこくさいしょう》の賞牌《しょうはい》は太陽をイメージしている。

審査《しんさ》期間は約二年だ。科学技《ぎ》術面《じゅつめん》でのすぐれた功績《こうせき》だけでなく、社会への貢献度《こうけんど》などもふくめた総合的《そうごうてき》で慎重《しんちょう》な審査《しんさ》を経《へ》て、授賞候補者《じゅしょうこうほしゃ》が決まる。受賞者《じゅしょうしゃ》には賞状《しょうじょう》と賞《しょう》牌《はい》にくわえて、副賞《ふくしょう》として各分野に一億円が贈《おく》られる。一月に受賞者《じゅしょうしゃ》が発表され、四月に授賞式《じゅしょうしき》が開催《かいさい》される。

日本国際賞《にほんこくさいしょう》の設立《せつりつ》に貢献《こうけん》した松下幸之助《まつしたこうのすけ》。
提供：パナソニック ホールディングス

この賞《しょう》の設立《せつりつ》にあたっては、松下《まつした》電器（現《げん》・パナソニック ホールディングス）の創業者《そうぎょうしゃ》である故《こ》・松下幸之助《まつしたこうのすけ》が多額《たがく》の私財《しざい》を寄付《きふ》している。松下幸之助《まつしたこうのすけ》は、「経営《けいえい》の神様」とよばれる、日本屈指《くっし》の実業家だ。一八九四年に和歌山県《わかやまけん》でうまれ、九歳《さい》から大阪の商店に丁稚奉公《でっちぼうこう》した。二十二歳《さい》で独《どく》立《りつ》し、松下《まつした》電気器具製作所《せいさくしょ》を創業《そうぎょう》して電気器具の製造販売《せいぞうはんばい》を手がけるようになった。

その小さな会社が、世界的な企業《きぎょう》に成長したのである。

松下《まつした》は、正しい経営《けいえい》のあり方には理念が大事だと言っている。彼《かれ》がかかげた理念のなかに「共存共栄《きょうぞんきょうえい》の経営《けいえい》」という項目《こうもく》がある。「自社の発展《はってん》だけでなく、共々《ともども》にさかえることをめざす経営《けいえい》」という意味だ。また、「社会がよくならなければ、人々《ひとびと》の幸せもありえない」という思いで、繁栄《はんえい》による平和と幸福を追求する研究所を設立《せつりつ》したり、次の世代をになう指導者《しどうしゃ》を育成する私塾《しじゅく》を開設《かいせつ》したりした。こうした考えがあって日本国際賞《にほんこくさいしょう》の設立《せつりつ》にかかわった。松下《まつした》は、賞《しょう》を運営《うんえい》する国際《こくさい》科学技術財団《ぎじゅつざいだん》の初代会長もつとめている。

二〇二四年の受賞者《じゅしょうしゃ》は、「資源《しげん》、エネルギー、環境《かんきょう》、社会基盤《きばん》」分野から、イギリスのレディング大学教授《きょうじゅ》であるブライアン・ホスキンスと、アメリカのワシントン大学名誉教授《めいよきょうじゅ》であるジョン・ウォーレスの二人。受賞《じゅしょう》理由は、コンピューターをもちいたこんにちの数値《すうち》天気・天候予報《よほう》の基盤《きばん》となる気象《きしょう》・気候力学の発展《はってん》に大きな足跡《そくせき》を残したことである。ますますはげしくなる異常気象《いじょうきしょう》の理解《りかい》と予測《よそく》に対する貢献《こうけん》が評価《ひょうか》

2024年の授賞式《じゅしょうしき》のようす。中央は主催者《しゅさいしゃ》としてあいさつをしている小宮《こみ》山宏《やまひろし》理事長。その右は天皇皇后両陛下《てんのうこうごうりょうへいか》。

された。また、「医学、薬学」分野ではアメリカのソーク研究所教授《きょうじゅ》であるロナルド・エバンスが受賞《じゅしょう》した。受賞《じゅしょう》理由は、DNAのある細胞《さいぼう》の核内《かくない》に存在《そんざい》するホルモン受容体《じゅようたい》ファミリーの発見と医薬品開発への応用《おうよう》だ。たとえば、各種感染症《かんせんしょう》や関節リウマチ、ぜんそくなどの治療薬《ちりょうやく》が開発されている。

二〇二五年は、「物質《ぶっしつ》・材料、生産」分野でジョージア工科大学教授《きょうじゅ》のラッセル・ディーン・デュプイ、「生物生産、生態《せいたい》・環境《かんきょう》」分野でアブドラ王立科学技術《ぎじゅつ》大学特別教授《きょうじゅ》のカルロス・M・ドゥアルテが受賞《じゅしょう》している。

授賞式《じゅしょうしき》には毎年、天皇《てんのう》・皇后両陛下《こうごうりょうへいか》が臨席《りんせき》さ

2024年の受賞者《じゅしょうしゃ》。左から、ブライアン・ホスキンス博士《はくし》、ジョン・ウォーレス博士《はくし》、ロナルド・エバンス博士《はくし》。

れる。二〇二四年の授賞式《じゅしょうしき》で、天皇陛下《てんのうへいか》はつぎのようなスピーチをされている。

「受賞《じゅしょう》されたみなさんが、その研究をつうじて地球温暖化《おんだんか》に起因《きいん》する異常気象《いじょうきしょう》の予測《よそく》や、人類の健康増進《ぞうしん》に大きく貢献《こうけん》されてきたことに深く敬意《けいい》を表《ひょう》します。今回の授賞対象《じゅしょうたいしょう》分野をはじめ、近年、世界が地球規模《きぼ》で直面する課題は、ますます多様化し、複雑化《ふくざつか》してきています。わたしたちはより広い見識《けんしき》のもと、さまざまな分野の英知《えいち》を結集し、ともに手をたずさえて、これらの課題の克服《こくふく》につとめなければなりません」。

陛下《へいか》のスピーチからも、科学技術《ぎじゅつ》が人類と地球環境《かんきょう》にはたす役割《やくわり》は、これからますます重要になっていくことがわかる。

読者のなかには、科学者をこころざす人も多いだろう。自分のいだく夢《ゆめ》が世界の多くの人の幸せに結びつく意義《いぎ》のある仕事だ。そうした科学者をめざす若者《わかもの》にむけて、二〇〇六年受賞者《じゅしょうしゃ》の遠藤章《えんどうあきら》がメッセージを送っている。遠藤《えんどう》はコレステロール低下薬「スタチン」の発見と開発で日本国際賞《にほんこくさいしょう》を受賞《じゅしょう》した人物だ。

「若《わか》い人は、金もうけなどにまどわされずに、自然な好奇心《こうきしん》を大切にすること。広い世界を見わたして、世のため、人の役に立つ大きな夢《ゆめ》をいだき、そして、それにかけることを、わたしは心から期待しております」。

この言葉は、賞《しょう》の設立《せつりつ》に力をつくした松下幸之助《まつしたこうのすけ》の考えにもつうじる。世のため、人の役に立つという科学者たちの決意が、世界の科学技術《ぎじゅつ》を大きく進歩させてきたともいえるだろう。

おわりに

世界にはたくさんの賞《しょう》がある。この本で紹介《しょうかい》した賞《しょう》の多くは、世の中の役に立つことやそれをなしとげた人に贈《おく》られるものだ。

アカデミー賞《しょう》やエミー賞《しょう》を受賞《じゅしょう》したエンターテインメント作品は、わたしたちに感動をあたえ、人生をゆたかにしてくれる。チューリング賞《しょう》や日本国際賞《にほんこくさいしょう》の受賞者《じゅしょうしゃ》たちは、人工知能《ちのう》や医薬品など、人類の未来を大きく変える可能性《かのうせい》を持つ科学技術《ぎじゅつ》の発展《はってん》に寄与《きよ》してきた。そして、ノーベル平和賞《へいわしょう》をはじめ、マグサイサイ賞《しょう》や国連人権賞《じんけんしょう》を受賞《じゅしょう》した人たちは、平和で平等な社会の実現《じつげん》にむけて命がけで行動してきた。ウィキメディアン・オブ・ザ・イヤーのように、無名であっても世の中に欠かせない仕組みづくりに貢献《こうけん》している人に光を当てた賞《しょう》もある。

世界のさまざまな賞《しょう》は、こうした人たちへの感謝《かんしゃ》と賞賛《しょうさん》の気持ちをよび起こす。

わすれてほしくないのは受賞《じゅしょう》が目的ではないということだ。どのような賞《しょう》においても、受賞《じゅしょう》は不断《ふだん》の努力の結果といえる。賞《しょう》を目的に何かをがんばるのではなく、がんばった結果として賞《しょう》があたえられるのだ。

また、賞《しょう》をとることは最終ゴールでもないはずだ。受賞《じゅしょう》した人の多くは賞《しょう》をはずみとして、さらに高みをめざそうとする。人間が本来持っている向上心を引き起こしてくれるのが賞《しょう》といってもいいだろう。

逆《ぎゃく》にいえば、賞《しょう》をとれるのは特別な人だけではなく、何かに一《いち》途《ず》にはげんだ人なら、だれにでも可能性《かのうせい》が開けているということだ。この本の読者のなかから、将来《しょうらい》、世界的な賞《しょう》を受賞《じゅしょう》する人があらわれても不思議《ふしぎ》ではない。

文　平山 友子（ひらやま ともこ）

1960年、東京都生まれ。出版社、編集プロダクション勤務を経て、1991年からフリーランスのライター。雑誌の取材記事や書籍の執筆をおこなっている。

編集　ワン・ステップ
デザイン　妹尾 浩也
装画　久方 標

5分後に世界のリアル
拍手喝采! 世界の賞レース

初版発行　2025年3月

文　平山 友子
装画　久方 標

発行所　株式会社 金の星社
〒111-0056 東京都台東区小島1-4-3
https://www.kinnohoshi.co.jp
電話 03-3861-1861（代表）　FAX 03-3861-1507
振替 00100-0-64678

印刷・製本　TOPPANクロレ 株式会社

160P　18.8cm　NDC380　ISBN978-4-323-06356-0